때려치우기의 ── 재발견

"NANIOYATTEMO NAGATSUZUKI SHINAIHITO"
NO NAYAMIGA NAKUNARU HON

by Kazuko Ishihara
Copyright © Kazuko Ishihara, 2019
All rights reserved.
Original Japanese edition published by EAST PRESS CO., LTD.

Korean translation copyright © 2021 by RpSpace
This Korean edition published by arrangement with EAST PRESS CO., LTD., Tokyo,
through HonnoKizuna, Inc., Tokyo, and Eric Yang Agency, Inc.

이 책의 한국어판 저작권은 EYA(Eric Yang Agency)를 통해
EAST PRESS CO., LTD.와 독점 계약한
㈜알피스페이스가 소유합니다.
저작권법에 의하여 한국 내에서 보호를 받는 저작물이므로
무단 전재 및 복제를 금합니다.

한번 시작한 일은
끝까지 해야 할까

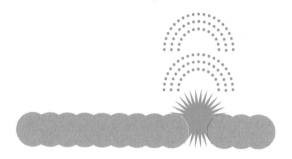

# 때려치우기의 ——— 재발견

이시하라 가즈코 씀 — 송현정 옮김

**Denstory**

# 금방 그만두면 정말 안 되는 걸까?

흔히 사람들은 당연하다고 생각하던 일이 '당연하지 않을 수도 있다'는 사실을 쉽게 받아들이지 못한다.

대표적인 생각이 바로 이런 것이다.

'한번 시작한 일은 도중에 그만두면 안 돼. 반드시 끝까지 해내야만 해.'

이 생각의 바탕에는 잘못된 편견이 자리 잡고 있다.

'아무리 힘들어도 참고 노력해서 극복하지 못하면, 한 인간으로서 인정받지 못할 뿐만 아니라 행복해질 수 없어.'

'아무리 힘들어도 참고 노력해서', '끝까지' 무언가를 해내야 한다는 생각은 스스로를 불행하게 만들 뿐이다.

아무리 자기가 결정한 일이더라도 왜 싫은 일을 끝까지 해내야만 하는 걸까? 어째서 힘든 일을 꾹 참아내야만 하는 걸까?

그렇게 계속 버티면 도대체 무엇을 얻을 수 있는 걸까?

회사생활이 너무나 힘들어도 참고 견디며 다닌다고 생

각해보자. 만약 그 회사가 이른바 블랙기업이라고 불리는 근로 환경이 열악한 회사라면 어떨까?

그런 회사에서 아무리 노력하고 인내한다 한들 얻는 것이 있을까? 대체 누가 당신의 노력을 알아줄까?

"그래도 노력하다 보면 누군가는 좋게 평가해줄 거야"라고 말하는 사람도 있지만, 정말 그럴까?

실제로 그렇게 참고만 있는 당신의 모습이 다른 사람들 눈에는 어떻게 보일까?

자기부정이 강한 사람은 스스로를 탓하게 되고, 다른 사람에게 불만이 많은 사람은 그 불만이 얼굴에 드러나기 마련이다. 그런 태도와 표정으로 회사에 다녀봤자 누구도 당신을 좋게 생각하지 않을 것이다.

결국 끝까지 그 회사에 남는다고 해도 다른 사람들은 결코 당신에게 호의적인 태도를 보이지 않을지도 모른다.

이런 상황에서도 당신이 인간관계보다 '역경을 극복하고 끝까지 해내는' 것이 더 가치가 있다고 믿는다면, 당신은 스스로를 어떻게 생각할까? 무슨 일이든 꾹 참고 견디는 자신의 모습을 보며 자기평가가 높아질까? 자기긍정감은 어떻게 될까?

과연 어떤 기분일지 스스로에게 물어보자.

웃는 얼굴로 당당하게 자신의 삶에 만족한다고 답할 수 있다면, 지금 당신이 좋아하는 일을 하고 있기 때문이다. 좋아하는 일을 하면 '괴로움을 참으며 끝까지'가 아닌 '즐겁게 끝까지'도 가능하다.

이 책에서는 '무슨 일이든 끝까지 해내야만 한다', '무슨 일이든 금방 그만두는 내가 한심하다'라는 편견을 버리고 스스로의 인생을 더욱더 즐겁고 행복하게 살기 위한 방법을 소개한다.

어떤 일을 꾸준히 하지 못한다는 이유로 자책하고 자신감을 잃어가는 많은 사람이 이 책을 통해 그러한 고민에서 벗어나 보다 행복한 인생을 살아가기를 진심으로 바란다.

## 1장

무슨 일이든

금방

그만두는 당신

# '뭘 해도 금방 그만두는'
# 내 모습에 자책한다면

## ✦ 다른 사람을 신경 쓰기 때문이 아닐까

흔히 일본인의 특징으로 상대방의 입장에서 생각하고 배려하는 모습을 꼽는다. 해외에서는 스포츠 경기가 끝난 후 누가 시키지도 않았는데 자발적으로 자기 자리를 청소하는 일본인의 모습이 화제가 되기도 했다.

'개인'으로서 자신의 삶에 대한 자신감이 부족하다는 점도 일본인의 특징 중 하나다. 이 때문인지 일본 젊은이들의 '자기신뢰'는 전 세계 젊은이들과 비교했을 때 현저히 낮은 수준이다.

본래 일본인은 온화하고 순종적인 성격인데, 이는 장점

이기도 하지만 때로는 단점이 되기도 한다.

　이런 일본인의 기질적 특성에는 좁은 국토라는 지형적 이유가 큰 영향을 끼쳤다. 좁은 땅덩어리에 수많은 사람이 모여 살다 보니 서로 도우며 힘을 합치고, 상대방을 배려하지 않으면 금세 충돌이 일어날 수밖에 없었기 때문이다.

　지형적 특성 때문에 현재 일본 사회는 요람에서 무덤까지 모두가 정해진 코스만을 따라 살아간다는 비판에도 불구하고, 다양성을 인정하지 않고 다수의 의견에 따라 행동하는 것을 당연시하게 되었다. 명절이 되면 수많은 사람이 한꺼번에 고향으로 향하고, 갈 곳이 없는 사람들은 홀로 남겨진 듯한 외로움에 휩싸인다. 또, 여름 휴가철에 인파가 몰려들어 콩나물시루를 방불케 하는 해수욕장이나 수영장에서 휴가를 보내는 모습도 일본인의 특성을 상징적으로 보여준다. 이런 상황에서도 별다른 문제가 발생하지 않는 이유는 일본인이 '다른 사람을 신경 쓰기' 때문이 아닐까.

　물론 많은 사람이 함께 살아가기 위해서는 타인과의 조화와 협력이 반드시 필요하다. 생산성 측면에서도 함께 협력하고 똑같은 행동을 해야 효율이 올라간다.

타인과 갈등이 생기면 서로에 대한 반감으로 상대방을 공격하거나 방해할 수도 있기 때문에 생산성이 높아질 수 없다. 심리적으로도 긴장감이 높아지거나 상대를 경계하는 등 부정적인 생각에 사로잡힌다. 그러면 자신이 가지고 있는 힘을 쓸데없이 소모하게 될 뿐만 아니라 한 가지 일에 몰두하기 위한 의욕과 집중력이 확연히 떨어진다.


## ✦ 타인을 기준으로 삼는 삶

조화와 협력이 항상 바람직한 것은 아니다. 문제점도 있다.

일본인의 협조성과 순종적 기질이 상호작용을 일으키기 때문인지, 일본인은 혼자서 행동하기보다 여러 명이 함께 행동하는 것을 좋아한다.

그래서 대부분의 일본인이 '왕따'당하는 것을 두려워하고, 자신이 타인과 다른 행동을 하는 것을 스스로 불편하게 여긴다. 어떤 사람이 자신과 다른 행동을 하면 그 사람을 비난하는 습성도 있다.

연예계도 예전과 달리 '그룹'으로 활동하는 연예인들이

늘어나고 있다. 개개인의 개성이 아닌 그룹의 개성이 한 사람의 개성처럼 여겨지고 그룹에 속한 개인의 개성은 점점 흐려지고 있다.

이와 같은 모습은 모두 '타인중심' 삶의 방식이라 부를 수 있다. 타인중심이란, 말 그대로 다른 사람을 기준으로 삼는 삶의 방식을 의미한다.

'저 사람은 나를 어떻게 생각하고 있을까?'

'사람들은 이럴 때 어떻게 판단하고 행동할까?'

'다른 사람이 보면 뭐라고 말할까?'

'이렇게 행동하면 저 사람은 어떻게 생각할까? 싫어하지는 않을까?'

'이런 말을 했다고 모두 나를 비난하면 어떡하지?'

이렇게 상대방과 주위 사람들을 지나치게 의식하면서 외부의 기준에 맞추어 판단하고 결정하는 삶의 방식이다.

### ✦ 다른 사람과 비교하면 내가 사라진다

타인의 생각이나 주위 사람들의 행동에 맞추어 결정을 내리면, 안심되는 면도 분명히 있다. 다른 사람들과 같은 결정을 내리면 혼자서 성공을 차지할 수는 없겠지만, 실패했을 때도 공동의 책임이 된다. 그래서 혼자라면 큰 부담이 되었을 일들도 여러 명이 함께하면 부담감이 줄어든다.

바람직한 일은 아니지만, 문제가 발생하더라도 "저 사람이 먼저 하자고 했어요", "저는 따라 했을 뿐이에요"라며 변명할 수 있기 때문에 책임을 회피할 수도 있다.

외부의 기준에 자신을 맞추려 하면 할수록 '진정한 자신'은 점점 사라진다. 타인이나 외부 상황에 지나치게 신경을 쓰다 보면 자신에게 소홀해질 수밖에 없다.

특히 스스로에게 가장 악영향을 끼치는 '타인중심의식'은 다른 사람과 경쟁하면서 상대방과 나를 비교하는 것이다.

누구나 한 번쯤 직장에서 다음과 같은 생각을 해본 적이 있을 것이다.

'A는 언제나 일 처리를 척척 해내는데, 나는 팀장님에게 매일 혼나기만 해.'

이럴 때, 당신은 'A의 장점'과 '자신의 단점'을 비교하며 이렇게 생각할지도 모른다.

'나도 반드시 A처럼 되어야지.'

'나는 A보다 못하니까 쓸모없는 사람이야.'

타인을 기준으로 삼고 자신에 대해 좋지 않은 감정을 갖게 되면 부정적인 생각만 하게 된다. 머리와 마음속이 온통 A로 가득 차면서 A가 당신의 기준이 되어버린다.

'A는 저런 일도 할 수 있는데 난 못 해.'

'A는 저렇게 쉽게 하는데, 왜 내가 하면 이도 저도 아니게 될까.'

'A는 무슨 일이든 끝까지 해내는데, 나는 금방 포기해버려.'

항상 A와 자기 자신을 비교하면서 스스로를 한심해하고, 자신의 능력을 부정하게 된다.

바로 '타인중심'의 늪에 빠져 '자기 자신이 사라진' 상태다.


### ✦ '나는 뭘 해도 안 돼'라며 자책하는 이유

과거의 '타인중심' 사고방식에는 상대방의 선의와 호의에 대한 믿음이 존재했다. '내가 친절하게 대하면 상대방도 그렇게 해줄 것'이라고 굳게 믿었다.

다시 말해 자기 자신이 아닌 모두를 위한 선택을 하면, 그 행동이 언젠가는 자신에게 좋게 돌아오리라 생각했다.

그리고 이런 확신이 있었기에 사회가 원만하게 돌아갈 수 있었다.

하지만 문제점도 있었다. 과거의 타인중심 사고방식은 타인에게 맞추기 위해 자신의 마음을 무시하는 것을 당연시하는 일그러진 사회구조를 낳았다. 이 잘못된 사회구조가 시간이 흐를수록 확대되면서 지금 현대인들은 더욱더 자신의 모습을 잃어가고 있다.

일본인 특유의 타인중심 사고방식과 더불어 경쟁사회의 심화도 문제를 더욱 크게 만들었다. 사람들은 타인과 경쟁하면서 누가 더 우월하고 열등한지, 강하고 약한지 비교하게 되었다. 서로를 '협력하는 파트너'가 아닌 싸워서 이겨야할 경쟁자로 여기기 시작했다.

지나친 경쟁의식은 승패에 연연하고 성과만을 추구하는 결과를 가져온다. 성과를 얻기까지의 과정이 아닌, 수단과 방법을 가리지 않고 어떻게든 성공과 승리만 쟁취하려는 성과주의가 우선적 가치가 된다.

타인과의 경쟁이 당연시되고 성과주의가 인정받는 사회 분위기 속에서 자신에게 주어진 일을 완수하지 못하면 어떤 생각이 들까.

'난 왜 어떤 일도 끝까지 못 할까?'

'어차피 난 중간에 포기하고 말 거야.'

이런 생각에 자신감도 사라지고, 무능력한 자신을 자책하고 부정하게 될지도 모른다. 하지만 스스로 실망할 필요는 전혀 없다. 타인과의 비교를 통해 생긴 자신에 대한 부정적 평가는 사회구조와 사회적 분위기가 만들어낸 결과물에 불과하다.

'타인중심 삶의 방식' = 외부의 기준에 맞추어
판단하고 행동하는 삶의 방식.
-
'타인중심', '성과주의', '경쟁사회'에 휩쓸린 마음이
'금방 그만두는' 자신을 자책하는 원인이다.

무슨 일이든 금방 그만두는 당신

# '끝까지 해내야만 한다'는
# 편견

## ✦ 나 자신에게 상처 주지 않는 방법

심리 상담을 시작한 지도 벌써 30년이 넘었다. 상담 경험을 통해 얻은 지식을 바탕으로 '타인중심', '자기중심'이라는 개념이 탄생했고, 이를 많은 사람에게 소개하고자 '자기중심 심리학'을 만들었다.

이 책을 읽고 있는 독자 중에는 이미 알고 있는 분들도 계시겠지만, 중요한 개념이므로 다시 한번 짚고 넘어가려 한다.

먼저 '타인중심'이란, 자신의 판단과 행동의 기준을 타인에게 두는 것을 의미한다. 앞에서 설명한 내용이 바로 '타인 중심' 사고방식이다.

반대로 '자기중심'은 자신의 판단과 행동의 기준을 기분이나 욕망, 의지 등 자신의 마음에 두는 것을 뜻한다.

'타인중심'과 '자기중심'의 결정적 차이는 말 그대로 자신을 중심으로 살아가는가, 타인을 중심으로 살아가는가 하는 점에 있다. 둘 중 어떤 것을 택하느냐에 따라 삶의 방식이 완전히 달라진다. 정반대의 인생을 살게 된다고 해도 과언이 아니다.

자기중심으로 살기 위해서는 우선 외부가 아닌 자신의 내면에 관심을 기울여야 한다. 타인중심과 근본적으로 다른 태도다.


내가 지금 어떤 생각을 하고 있는지 곰곰이 생각해보자. 상대방이 나에게 한 말과 행동을 어떻게 받아들이고 있는지, 지금 어떤 기분인지, 어떻게 느끼고 있는지…….

자신의 '기분, 감정, 욕망, 느낌'에 집중하자. 가능한 한 자신의 마음에 귀를 기울이고 스스로 솔직해지기 위해 노력해야 한다. '나에게 상처 주지 않는 방법'이기 때문이다.

## 타인에게만 신경 쓰는 타인중심

## 자신의 욕망과 바람에 솔직한 자기중심

내 마음을 무시하지 않는다.

내 마음속에 있는 울분이나 부정적 감정은 떨쳐낸다.

나의 생각과 욕망과 바람을 채운다.

이와 같은 '자기중심'적 태도는 자기 자신을 믿고 사랑하는 방법이기도 하다.


## ✦ '나만 못하는 것 같아'라는 생각

'타인중심' 사고방식의 가장 큰 문제점은 시간이 갈수록 점점 더 자신의 모습을 잃어간다는 데 있다. 전 세계에서 일본 젊은이들이 자신을 가장 낮게 평가하는 것도 이 사고방식의 영향이다.

앞서 말했듯, 타인과 경쟁하면서 상대방과 자신을 비교하다 보면 자신을 비하하는 생각이 조금씩 자라나기 시작한다.

'모두 잘하는데 나만 못하는 것 같아.'

'다른 사람들은 당연히 하는 일인데 나는 왜 끝까지 못할까?'

'다른 사람들은 포기하지 않고 잘만 하는데 나는 왜 금방

포기해버리는 걸까?'

　이렇게 자신이 쓸모없고 무능력한 사람인 것처럼 느껴지는 이유는 타인중심 사고방식에 빠져 있기 때문이다.


　우리 속담 중에 '돌도 십 년을 보고 있으면 구멍이 뚫린다', '낙숫물이 댓돌을 뚫는다'라는 말이 있다. 꾸준한 노력의 중요성에 대한 표현으로 성과를 거두기 위해서는 그에 상응하는 시간이 필요하다는 교훈을 준다.

　물론 어떤 일이든 하루아침에 되는 일은 없다. 하지만 이 속담을 어떻게 해석하느냐는 사람마다 다르다. 쓰여 있는 그대로 받아들인 사람은 다음과 같이 생각할 것이다.

　'어떤 일이든 성과를 내기 위해서는 시간이 걸리는구나.'

　이 말을 바꾸어보면 이렇게도 생각할 수 있다.

　'무슨 일이든 시간을 들여야 성과가 나는구나.'

　그리고 좀 더 나아가면 이런 생각으로 변한다.

　'시간이 걸리더라도 끝까지 해내야만 해.'


　여기에 '초지일관'이라든가 '인내'라는 말까지 더해지면, 결국 '참고 노력해서 끝까지 해내야만 한다'는 생각이 스스로를 옭아매게 된다.

때로는 가족의 말이 이 같은 생각을 더욱 확고하게 만든다. "한번 시작했으면 끝을 봐야지"라는 부모의 잔소리나 "왜 이런 것도 끝까지 못 해? 그러니까 네가 항상 그 모양이지"라며 타박하는 형제자매의 말은 비수나 다름없다.

모진 말은 '끝까지 하지 않으면 안 돼', '중간에 포기하면 한심한 사람이야', '난 정말 쓸모없는 사람이야'라는 자책을 부추길 뿐이다.


## ✦ 회사를 그만두고 싶지만 버티는 당신에게

자신을 비하하는 말에 익숙해지면 저도 모르게 그 말을 생각의 기준으로 삼는다. 그래서 자신의 잘못이 아닌 일에도 자신을 탓하게 된다.

'내가 근성이 없어서 그래. 내가 끈기가 없고 물러서 그런 거야.'

사회 초년생들이 많이 듣는 말 중에 이런 말이 있다.
'어느 회사든 3년은 버텨야 이직할 때 유리하다.'

직장을 여러 번 옮겨 다니면 이직할 때 불리하다는 인식 때문에 생겨난 통설에 불과하지만, 종종 이와 관련된 상담을 해오는 사람이 있다.

'지금 당장 회사를 그만두고 싶지만 어떻게든 3년은 버텨보려고요. 그런데 너무 힘들어서 어떻게 버티면 좋을지 막막해요.'

정말 이렇게까지 괴로워하면서 3년을 참고 견딜 필요가 있을까? 대개 이런 고민을 하는 사람은 객관적으로도 불합리한 상황에 처한 경우가 적지 않다. 근로 환경과 노동 조건이 열악한 이른바 블랙기업을 다니는 경우가 대표적 예다.

존중받지 못하는 생활에 익숙해진 사람은 부당한 요구와 제약에도 저항하지 못하고 참기만 한다.

'중간에 포기하면 안 돼. 끝까지 해내야만 해.'

회사가 아무리 열악해도 자신만 참고 견디면 된다고 믿는다.

하지만 이런 방식의 인내는 전혀 바람직하지 않다. 자신의 마음을 억누른 채 회사의 부당한 요구와 억압에 따르려 하면 할수록 자신만 괴로워질 뿐이다.

'자기중심 삶의 방식' = 자신의 감정과 욕구를
기준으로 삼는 삶의 방식.

-

스스로 한심한 인간이라고 생각하는 이유는
다른 사람과 비교하기 때문이다.

-

싫은 일은 억지로 해봤자 아무 소용 없다.

## '완벽한 상태'란
## 언제 올까

### ✦ 끝까지 노력해도 그 끝은 없다

타인중심으로 살아가는 사람의 전형적 특징은 '완전히 완벽한 상태'를 이상적으로 여긴다는 점이다.

언제나 외부의 기준에 신경 쓰며 타인과 경쟁하고 비교하려 하는 만큼, 자신이 남들보다 뛰어나고 언제나 1등이 되기를 바란다. 외부의 의무, 규칙, 질서, 상식을 중시하는 그들이 '완전히 완벽한 모습'을 목표로 삼는 것은 어찌 보면 당연할 수도 있다.

그러나 목표를 이루기는 쉽지 않다. 더군다나 타인중심

사고방식을 바탕으로 만들어진 이상이라면 더욱더 어렵다. 그 이상은 상상이 만들어낸 '환상'에 불과하기 때문이다.

스포츠 경기에는 우승이라는 최종 목표가 있다. 점수가 매겨지는 시험에도 백 점이라는 목표가 있다. 매출 실적이 중요한 회사는 실적 1위라는 목표가 있을 것이다. 이렇게 눈에 보이는 형식이나 수치로 나타낼 수 있는 목표는 노력을 통해 얼마든지 달성 가능하다.

그러나 타인중심의 사람들이 말하는 '어중간하지 않은 상태', '완벽한 상태'는 눈에 보이지 않는다.

'난 정말 쓸모없는 사람이야'라며 자책하는 사람들에게 그들이 목표로 하는 상태가 어떤 것인지 물어봤지만, 아무도 명쾌한 답을 하지 못했다.

자신의 머릿속에 스스로 이루고자 하는 '완벽한 상태'의 구체적 형태가 없다면 목표도 없는 것이나 마찬가지다. 목표가 없기 때문에 무슨 일을 해도 금방 포기하고 이도 저도 아닌 상태가 되어버린다.

집을 완벽하게 깨끗한 상태로 정리하고 싶어도 완벽에

는 한계가 있다. 외국어를 완벽하게 마스터하겠다고 다짐하더라도 그 완벽에는 상한선이 있기 마련이다. 게다가 다른 사람과 비교라도 하기 시작하면 완벽한 상태는 점점 더 멀어져만 간다.

다만 이런 경우는 있을 수 있다. 어떤 기술을 배울 때, 기술과 관련된 자격시험에 합격하면 최소한 어중간한 상태는 아니라고 할 수 있다. 그런데 시험에 합격한 뒤 전혀 기술을 활용하지 못한다면 어떨까? '완전히 완벽한 상태'를 지향하는 사람에게는 아마도 그 또한 어중간한 상태에 불과할 것이다.


이런 식으로 추상적 목표를 세우면, 죽을 때까지 노력해도 어중간한 느낌에서 벗어날 수 없다. 다시 말해, '어중간하다'는 느낌은 목표가 없는 목표를 달성하고자 하는 것과 같다.

목표를 달성할 때까지 '끝까지' 노력해도 영영 그 '끝'은 오지 않는다. 어떤 사람은 그럴수록 더욱더 자신을 채찍질할지도 모른다.

그래도 소용없다. 다시 한번 강조하지만, 목표가 없는 목

표를 지향하면 절대 목표를 이룰 수 없다. 목표를 달성했다는 보람과 만족도 느낄 수 없다.

처음부터 끝까지 '반드시 해내야만 한다'는 생각에만 사로잡힌 채 존재하지 않는 '완벽한 상태'에 도달하고자 한다면, 어떤 일을 해도 '어중간한 상태'로 끝날 뿐이다. 애초에 목표가 잘못되었기 때문이다.

## ✦ 불만에서 생겨나는 어중간한 기분

목표가 없는 목표에는 끝이 존재하지 않는다. 끝이 없는 목표를 달성하려고 하면 어떤 일을 해도 어중간한 상태에 머물러 있는 기분이 들 수밖에 없다.

타인중심 사고방식에 빠진 사람들은 판단이 필요한 상황에서 흔히 다음과 같이 생각한다.

'A와 B 중에 어떤 것을 선택해야 나에게 더 좋을까?'

'A를 고르면 이득일까, 손해일까?'

자신의 감정을 무시한 채 손익에 중점을 두고 판단을 내린다. 또는 다른 사람의 생각을 판단의 기준으로 삼기도 한다.

'저 사람이 좋다고 했으니까 틀림없을 거야.'

어떠한 결정을 할 때 다른 사람의 말과 행동에만 초점을 맞추면, 자신만의 확고한 기준 없이 항상 망설이고 고민하게 된다.

물론 이런 결정 방법이 반드시 나쁘다는 이야기는 아니다. 때로는 다른 사람의 의견이 선택에 도움을 줄 수도 있다.

하지만 결정을 내릴 때 가장 중요한 것은 자신의 마음이 납득하고 있는지를 살피는 것이다. 여기에서 '납득'은 마음을 따르느냐 마느냐를 의미한다. 마음이 가는 대로 따르지 않으면 반드시 불만이 생긴다.

다만, 마음이 납득하지 않는 결정을 내리더라도 '지금 나는 내 마음과 다른 선택을 했어'라고 생각하면 그나마 불만이 줄어든다. 적어도 자신의 마음을 제대로 인식하고 있기 때문이다.

그러나 자기 마음을 전혀 파악하지 못하면 자신이 왜 불만스러운지조차 모르게 된다. 내가 왜 불만을 느끼는지 구체적으로 파악하지 못하면, 불만은 사라지지 않고 계속 쌓이기만 한다.

사실 자신이 하는 일이 어중간하다고 느끼는 대부분의

사람이 실제로는 어중간하지 않은 경우가 많다. 그저 마음속 불만이 찜찜함으로 계속 남아 있기 때문에 무슨 일을 하든 '어중간하다'고 생각하게 될 뿐이다.

## ✦ '자기중심'으로 생각한다는 것

자기중심으로 살아가는 사람은 자신이 하는 일에 대해 불만을 느끼지 않는다. 자기 자신을 기준으로 삼아 스스로 판단하고 행동하기 때문이다.

'자기 자신을 기준으로 삼는다'는 것은 자신의 마음, 감정, 욕망을 기준으로 판단하고 행동하는 것을 의미한다.

자기중심 관점에서 보면 '어중간하다'는 생각은 처음부터 잘못된 것이나 마찬가지다. 목표가 없는 목표를 이루기 위해 '금방 그만두는' 자신을 다그친다는 생각 자체가 적절하지 않기 때문이다.

비관적인 사람은 평소에도 자신의 부정적인 면에만 집착한다. 그래서 굳이 못하는 일을 트집 잡고, 무슨 일이든 금방 그만두는 모습을 자책하기 바쁘다.

37

객관적으로 살펴보면, 끝까지 해낸 일도 분명히 아주 많을 것이다. 적어도 만화책이나 소설책을 끝까지 읽었다든가, 게임을 마지막 스테이지까지 끝낸 적은 있지 않을까? 이렇게 우리에게는 무수히 많은 일을 끝까지 해낸 경험이 있다.

자신이 항상 무슨 일이든 중간에 포기해버린다며 자책에 빠진 사람은 이렇게 말할지도 모른다.

"그건 게임이니까, 재미있고 즐거우니까 끝까지 할 수 있는 것이 당연하죠."

원래 무슨 일이든 그 일 자체가 자신의 욕망과 바람에서 비롯된 일이라면 즐겁게 느끼는 것이 당연하다. 자신이 끝까지 해냈던 일들은 모두 기억에서 지운 채, 중간에 포기했던 일들만 머릿속에 남겨두면 마치 자신에게 문제가 있는 것처럼 느껴질지도 모른다. 이는 자신이 정말 한심해서가 아니라, 부정적인 면만을 생각하는 잘못된 '사고방식 습관'에서 비롯된 것이다.

## ✦ '작심삼일'이어도 괜찮다

자기중심적 관점에서 생각해보면 이런 의문이 든다.

'대체 왜 작심삼일이 나쁜 걸까?'

대부분의 사람이 작심삼일이라고 하면 나쁜 이미지부터 떠올린다. 사람들의 인식 속에 '시작한 일은 끝까지 해내야만 해'라든가 '아무리 힘들어도 참고 견뎌야 해'라는 잘못된 생각이 뿌리 깊게 박혀 있기 때문이다.

편견이 당연시되면 '무슨 일이든 작심삼일로 끝나는' 자신의 모습을 부정적으로 받아들일 수밖에 없다.

당신이 목욕을 하려고 욕실 청소를 한다고 가정해보자. 욕실 청소를 끝낸 당신은 이렇게 생각하며 만족할 것이다.

'깨끗하게 청소하고 나니 개운하네. 이제 욕조에 들어가 볼까?'

그런데 욕실 청소만 할 것이 아니라 기왕 청소를 시작했으니 집 청소까지 끝내야 한다고 생각하는 사람이라면 어떨까. 아마도 반짝반짝 광이 날 정도로 욕실 청소를 끝낸 다음에도, 집 안 구석구석에 쌓인 먼지를 바라보며 한숨을 내쉴지도 모른다.

## 타인중심 사고방식

## 자기중심 사고방식

무슨 일이든 금방 그만두는 당신

"아, 저기도 더럽고, 여기도 너무 더럽네."

이와 달리 욕실 청소를 끝낸 것만으로도 '끝까지' 청소를 마쳤다고 생각하는 사람은 온 집 안 청소에 며칠이 걸리더라도 매일 뿌듯함을 느낀다.

'오늘은 안방 청소를 끝냈어!'

'오늘은 작은방 청소가 다 끝났네!'

'오늘은 안방 옷장을 깨끗하게 정리했어!'

이렇게 의식적으로 모든 일을 나누어서 하면 오히려 '끝냈다!'는 성취감을 더욱 많이 느낄 수 있다.

다시 말해, 어떤 일을 달성하기 위해서는 오히려 '중간에 그만두는 것'이 중요하다.

쉬지 않고 한 번에 어떤 일을 끝내려고 하면 중간에 지쳐버리기 때문에 오히려 더 할 수 있는 일도 할 수 없게 된다. 몸과 마음이 지친 상태에서 '힘들어도 참고 끝까지 해야지'라며 강행하면 되레 일을 끝낼 수 없을 뿐만 아니라 어중간하고 찜찜한 기분만 남는다.

때로는 '작심삼일'이 중요할 때도 있다. 그런데도 이미 뿌리 깊게 자리 잡은 사회의 잘못된 통념 때문에 작심삼일은 부정적으로만 여겨진다. 아무리 힘들어도 참고 버티는 인내와 노력을 미덕으로 여기는 사회적 인식의 문제점이기도 하다.

'목표가 없는 목표'를 달성하고자 하면
영원히 어중간하게 끝날 뿐이다.

-

자신의 감정을 기준으로 삼으면
어중간한 기분이 사라진다.

-

'참고' 끝까지 하는 것은 오히려 역효과를 낳는다.
'작심삼일'이 중요하다.

2장

회사를 자주 옮기는 당신

# 회사는 '최소한 3년' 다녀야 한다?

## ✦ 정말 꾹 참고 버텨야 할까

한번 들어간 회사는 아무리 그만두고 싶어도 '최소한 3년'은 다녀야 한다는 말이 있다. 최소한 3년이라는 말과 상관없이 훨씬 오래 다니는 사람도 있고, 학창 시절 때보다 훨씬 보람을 느끼며 즐겁게 직장생활을 하는 사람도 많다.

그만두고 싶은데도 불구하고 '어떻게든 3년만 버텨야지'라고 생각하며 회사에 다닌다면 어떨까? 정말 3년을 버티면 그만큼 이득일까?

"그럼요, 버틴 만큼 좋은 평가를 받을 수 있어요."

물론 평가에서는 좋은 점수를 받을 수 있을지도 모른다.

그런데 아무리 좋은 평가를 받은들 자신의 마음에 변화가 생길까? 바로 이 점이 우리의 무의식과 연결되는 중요한 부분이지만, 마음까지 생각하며 행동하는 사람은 아마도 거의 없을 것이다.

상담을 통해 만난 한 여성은 자신의 학창 시절을 회상하며 이런 고민을 털어놓았다.

"학생 때는 자신감이 넘쳤는데…… 그때는 열심히 하면 반드시 이루어졌거든요. 하지만 회사에 들어오고 나서는 자신감이 순식간에 사라졌어요."

자신도 영문을 모르겠다며 고개를 갸우뚱했다. 가장 큰 이유로 학교 성적은 스포츠 경기처럼 결과가 명확한 숫자로 나온다는 점을 들 수 있다. 성적을 올리기 위해 필요한 능력은 응용력보다 암기력이다. 암기력이 좋으면 성석노 잘 나온다. 여기에서 말하는 '암기력'은 '기억력'과 다르다.

기억력은 저장된 기억을 연결하고 나름대로 응용하며 새로운 지식이나 기술을 습득할 수 있도록 돕는다. 통째로 달달 외우기만 하면 응용이 불가능하다. 암기를 통해 얻은 지식은 고립된 무인도처럼 다른 지식과 동떨어져 있다. 그저 존재하기만 하므로 아무런 도움이 되지 않는다.


## ✦ '괴로운 3년'은 미래를 망친다

무조건 통째로 암기하는 공부법은 학창 시절에는 통했겠지만, 회사에서는 큰 도움이 되지 않는다. 회사에서 필요한 능력은 업무를 전체적으로 파악하고 적재적소에 필요한 일을 찾아내는 응용력이기 때문이다.

삶의 지혜나 생활의 지혜도 일종의 응용력이다. 학교와는 달리 가만히 책상 앞에 앉아 있으면 아무도 칭찬해주지 않는다. 일하는 방법도 알려주지 않는다. 회사에서는 스스로 판단하고 행동해야 하는 일들이 훨씬 많다.

'지금까지 해왔던 방법이 전혀 통하지 않잖아!'

이제까지 줄곧 책만 들여다보던 사람에게는 마치 전혀 다른 세계에 떨어진 것처럼 충격적인 일인지도 모른다.

오히려 이렇게 말하는 사람도 있다.

"잠자코 상사나 선배가 시키는 대로만 하면 되니까 회사가 더 편해."

당신도 비슷한 생각을 한 적이 있는가? 만약 직장생활을 하다가 '왜 난 항상 이도 저도 아니게 되는 걸까'라며 자책하게 되는 날이 오면 돌이켜 생각해보자. 어쩌면 당신도 '잠자코 시키는 대로만 하던' 사람이었을지도 모른다.

시험 전날 교과서를 달달 외워 만들어진 단기기억은 시험이 끝나고 필요가 없어지면 바로 사라진다.

반면에 회사나 실생활에서 겪은 일은 체험을 통한 진짜 경험이 된다. 진짜 경험은 다양한 감정이 섞여 있기 때문에 더욱더 '실감적'이다. 기억과 감정이 합쳐지면 장기기억으로 머릿속에 남는다. 운전이나 수영처럼 끊임없는 연습을 통해 몸에 익은 기술을 쉽게 잊어버리지 않는 것도 장기기억 덕분이다.

딱 한 번이었더라도 큰 충격을 받거나 인상 깊었던 일은 장기기억으로 뇌리에 박힌다. 즉, 반복되거나 강렬한 경험은 단순한 기억이 아닌 자신의 말과 행동에 일정한 패턴을 만들고 확고한 신념으로 의식의 깊은 곳에 뿌리를 내린다.

특별하지 않은 일상 속에서 반복되는 경험조차 우리가

회사를 자주 옮기는 당신

상상하는 것 이상으로 삶에 큰 영향을 끼친다.

당신이 지금 당장이라도 회사를 그만두고 싶지만, '어떻게든 3년만 참고 버티면 이직할 때 유리할 거야'라고 생각하며 3년을 더 다닌 뒤 퇴사했다고 가정해보자.

스스로는 깨닫지 못하겠지만, '3년 후의 나'는 '3년 전의 나'와 전혀 다른 사람일지도 모른다. 게다가 이 3년이 당신의 미래에 악영향을 준다면, 당신은 어떻게 하겠는가?


## ✦ 즐겁지 않으면 꾸준해도 소용없다

일본의 격언 중에 '꾸준히 하면 힘이 된다'라는 말이 있다. 의미는 해석하기 나름이지만, 타인중심으로 받아들이느냐 자기중심으로 받아들이느냐에 따라 전혀 다른 의미가 된다.

지금 하는 일에서 '즐겁고 재밌고 가슴이 두근거리는' 긍정적인 기분을 느낀다면 오랫동안 해도 괴롭지 않을 것이다. 원래 좋아서 하는 일은 시간이 어떻게 가는지도 모르기 마련이다.

이처럼 '즐겁다'라고 느끼는 일은 꾸준히 할수록 힘이 된다. 반대로 이렇게 생각하는 사람이라면 어떨까?

'힘들지만 재취업할 때 유리하다고 하니까 적어도 3년은 버텨야지.'

아무리 괴로움을 참아가며 오랫동안 일한들 그 사람에게는 전혀 도움이 되지 않을 것이다.

## ✦ 몸과 마음이 따로 노는 증세

이직을 자주 해서 고민이라는 한 20대 후반 여성의 이야기를 들어보자. 이 여성은 이직할 때마다 처음에는 새로운 기분으로 즐겁게 회사에 다니기 시작한다. 일 머리가 있어 빨리 일을 배우다 보니 칭찬도 많이 듣는다. 하지만 얼마 지나지 않아 금세 그만두고 싶어진다.

"회사에 익숙해지면 금방 질리는 것 같아요. 조금만 다녀도 아침에 일어날 때마다 회사에 가기 싫어서 죽겠어요."

"어렵게 들어온 대기업이기도 하고 너무 빨리 그만두면 경력에 흠집이 생길 수도 있으니 어떻게든 3년은 다녀야지요. 안 그러면 저 자신이 너무 한심할 것 같아요."

그녀는 어떻게든 지금 다니고 있는 회사에서 3년을 채우기 위해 노력하고 있지만, 몸이 마음처럼 움직이지 않는다

# 나쁜 꾸준함

# 좋은 꾸준함

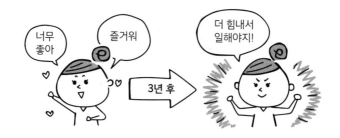

고 털어놓았다.

이런 상태로 3년 동안 꾹 참고 버티며 회사에 다닌다면 그 경험이 자신감으로 이어질까? 절대 아니다. 3년을 인내하며 버텨봤자 더욱더 힘들어지기만 하고 일할 의욕도 사라질 가능성이 훨씬 크다.


## ✦ 목표 없는 목표

이 여성은 회사를 그만두고 싶은 이유가 '금방 질려서'라고 말했다. 상담을 하다 보니 진짜 이유가 따로 있다는 것을 알 수 있었다. 그녀가 회사에 가기 싫어진 가장 큰 이유는 '다른 사람들의 기대에 부응하지 못할까 봐'라는 부담 때문이었다.

입사 초기에는 '신입사원이니까' 실수를 해도 당연하다. 스스로 '들어온 지 얼마 안 됐으니까 어쩔 수 없지'라며 대수롭지 않게 넘길 수 있다.

점점 시간이 흘러 신입사원이라는 변명도 통하지 않게 되자, 그녀는 '기대에 부응하지 못하는 자신'의 모습이 한심하게 느껴졌다.

주위 사람들의 기대에 부응해야 한다는 타인중심 사고방식 때문에 기대에 미치지 못할까 부담스러운 나머지 금방 회사 그만두기를 반복하고 있던 것이다.

'3년만 버티면 된다'는 생각은 1장에서 설명했던 '목표 없는 목표'와 닮았다. '완벽'을 추구하기 때문에 아무리 해도 끝이 나지 않는다.

'언젠가는 끝나겠지'라고 생각하며 버티는 동안 몸과 마음은 너덜너덜해지고 결국 새로운 시작을 위한 기력도 자신감도 사라진다. 간신히 이직을 결심한다 해도 머릿속에는 과거의 힘든 기억만 떠오를 것이다.

'또 예전처럼 힘들어도 억지로 참고 견뎌야 하는 건가.'

이런 생각이 들면 새롭게 시작할 마음조차 온데간데없이 사라질지도 모른다.

'괴로운 3년'을 참고 견뎌내도
피폐해질 뿐이다.

'즐겁고 재있는' 긍정적 기분으로 일할 때
비로소 꾸준함이 힘이 된다.

# 자신에게
# 너그러워지기

## ✦ 회사를 그만두려는 진짜 이유

한 40대 여성이 아르바이트를 하다가 정규직으로 채용되었다. 그런데 정규직이 된 후부터 일을 그만두고 싶어졌다며 상담을 청해왔다.

아르바이트로 시작해서 근무 태도나 실적을 인정받아 정규직이 되었다고 하면 누구나 부러워할 만한 일이다. 하지만 그녀는 상사의 말 때문에 '상사가 나를 싫어한다'고 믿고 있다.

"이건 저번에 가르쳐줬으니까 이제 할 줄 알지요?"

"이런 일은 다른 부서에서는 누구나 할 줄 아는 일이니까 당연히 할 수 있겠죠?"

그녀는 상사가 자신을 비꼬고 있다고 생각하지만, 어디까지나 자신의 해석일 뿐 진짜인지 아닌지는 알 수 없다.

아르바이트로 일할 때는 실수를 해도 '나는 아르바이트니까' 상관없다고 생각했다. 그저 상사가 시키는 대로만 하면 되니 크게 어려울 일도 없었다. 그런데 정규직이 된 다음부터는 사정이 달랐다.

'좀 더 빠릿빠릿하게 못 해요? 이 정도는 당연히 할 줄 알아야죠.'

상사가 대놓고 말한 적은 없지만, 꼭 이렇게 요구하는 것 같은 기분이 들기도 했다. 물론 그녀의 생각일 뿐, 실제로 상사에게 그런 의도가 있었는지는 모른다.

"일이 끝난 후나 휴일에라도 자기 계발을 위해 노력해야 한다는 생각은 하는데, 그럴 의욕이 생기지 않아요."

이렇게 말하는 그녀는 '어차피 난 못해'라는 잘못된 생각에 사로잡힌 탓인지 말하는 내내 풀 죽은 표정이었다. 그리고 회사를 그만두려는 이유를 털어놓았다.

"주위 사람들에게 폐만 끼치니까 차라리 그만두는 게 좋을 것 같아요."

이 말은 마치 그녀가 회사를 그만두는 이유가 다른 사람 탓이라는 말처럼 들렸다.


## ✦ '그만두고 싶다'는 내 마음을 받아들이자

말은 그렇게 하지만 정작 그녀는 퇴사를 결심하지 못했다. '완벽하게 끝까지' 무언가를 끝내야만 한다는 타인중심 사고방식에서 비롯된 자존심이 퇴사를 주저하게 했다. 지금 그만두면 자신이 패배자가 되어버린 것 같은 기분이 들기 때문이다.

성과를 올리고 좋은 평가를 받기 위해 '어떻게든 끝까지 내 힘으로 해내야 해'라며 스스로 다그치면 직장생활은 더욱더 고달파진다. 자신을 궁지에 몰아넣고 팽팽한 긴장감 속에서 일하다 보면 실수도 잦아질 수밖에 없다.

이 여성이 괴로운 이유는 회사에 문제가 있어서가 아니다. 그저 타인중심 사고방식 때문에 부정적인 생각에 사로잡혀 스스로 괴롭히고 있을 뿐이다. 물론 머릿속을 가득 메운 부정적 생각 때문에 밤에도 잠을 이루지 못할 정도로 고민스러울지도 모른다.

그러나 그녀의 고민에서 부정적 생각을 없애보면 답은
간단하다.

'나는 지금 회사를 그만두고 싶다.'

바로 그녀의 진짜 마음이다. 그녀는 지금 퇴사하면 '패배
자'가 될 것만 같은 생각에 '그만두고 싶다'는 자신의 마음을
인정하지 않고 있어서 괴로운 것이다.

만약 자신의 마음을 솔직하게 인정하면 어떻게 될까?

'그래. 이유는 여러 가지가 있지만, 나는 결국 회사를 그
만두고 싶은 거구나.'

이 말을 소리 내어 말한 후, 어떤 기분이 드는지 느껴보
자. 눈으로 읽기만 하면 느낌이 잘 전달되지 않을 수도 있지
만, 입을 열고 소리 내어 읽으면 마음이 편안해지는 기분이
들 것이다.

'자신의 마음을 인정한다'는 것은 이렇게 '자신의 마음을
느끼는 것'을 의미한다.

## ✦ 부정적 생각이 사라지면 진짜 이유가 보인다

자신의 진짜 마음을 인정하면 자신을 괴롭히던 부정적인 생각의 굴레에서 벗어날 수 있다.

부정적인 생각이 멈추면 마음이 평온해진다. 즉, '자신의 마음을 인정하는 것'이다. 진짜 마음을 인정해야 비로소 회사를 그만두고 싶은 진짜 이유와 원인이 보인다.

이 여성은 부정적인 생각 때문에 회사를 그만두고 싶은 진짜 이유와 원인을 모르고 있었다. 회사에서의 자신의 모습을 되돌아보니 짚이는 점이 있었다. 정규직이 된 후 바뀐 일의 역할과 양에 대한 부담이 가장 큰 이유였다.

그녀는 커다란 부담을 짊어진 채 혼자서 어떻게든 해보려고만 했다. 상사에게 자신의 고민을 털어놓을 생각조차도 하지 못했다. 물론 원인을 알았다고 해도 바로 상담을 청하기는 쉽지 않을지도 모른다. 지금까지 '상담'을 생각조차해보지 않았던 그녀에게는 어려운 일일 것이다.

하지만 적어도 회사를 그만두고 싶은 원인을 발견하고, '어떻게 하면 좋을지' 방법도 깨달았기 때문에 앞으로 그녀에게 남은 것은 실천이다.

지금 살펴본 여성의 경우처럼, 한 회사에 오래 다니지 못하거나 어떤 일을 금방 포기해버리는 이유와 원인은 생각지도 못한 곳에 존재하기도 한다.

## ✦ 노력은 힘든 것이어야 할까

어떤 사람은 '3년'이라는 시간이 정해져 있기 때문에 아무리 힘들어도 분발할 수 있다고 말한다. 이런 사람일수록 인생에는 고생도 필요한 법이라고 믿는다.

자신의 삶 속에서 '꾸준히 하면 힘이 된다'라는 말을 실감하려면 3년이라는 시간을 어떤 마음가짐으로 지내는지가 중요하다.

3년 동안 '참고 버텨야 한다'는 생각만으로 이를 악물고 노력했다면, 그 시간은 '아무리 힘들어도 참고 견디는' 연습을 한 것이나 다름없다.

만약 당신에게 이런 경험이 있었다면, 그 결과는 어땠는 가? 인내는 보상받았는가? 보상받지 못했다면 그 이유는 무엇일까? 애초에 '노력'이라는 단어에 대해 다시 한번 생각해보자. '노력'이라는 말 속에는 '참다, 괴로움을 견디다, 자신의 의지와 상관없이 이를 악물고 버티다'처럼 자신에게 가혹한 요구가 담겨 있다.

'아무리 힘들어도 꾹 참고 노력하면 분명히 보상받을 수 있을 거야.'

블랙기업에서 애써 버티고 있는 대부분의 사람이 이렇게 믿는다. 그러지 않으면 상사와 선배들의 부당한 지시를 도저히 참아낼 수 없기 때문이다. '보상'을 기대하는 것은 당연한 일이다.

하지만 괴로워도 참고 노력하면 보상받는다는 생각은 자칫 잘못하면 '괴롭지 않으면 보상받을 수 없다'는 생각으로 변할 수 있다. 부정적 사고방식을 가진 사람이 열악한 환경에 처해 있는 만큼, 더욱더 부정적인 쪽으로 생각이 발전할 가능성이 크다.

'보상받지 못하는' 경험이 되풀이되면 '아무리 노력해도 어차피 보상받지 못할 거야'라는 편견이 무의식 속에 새겨진다. 무의식 속에 새겨진 편견의 영향력은 우리의 생각보다 훨씬 강력하다.

무의식적으로 '보상받지 못한다'고 생각하면, 집중력이 떨어져 일상생활과 업무에 어려움을 겪는다. '괴롭지 않으면 보상받지 못한다'고 생각하기 때문에 자신을 열악한 환경에 밀어 넣는다. 결국 '아무리 노력해도 보상받지 못하는' 상태를 스스로 선택하는 셈이다.


## ✦ 즐겁고 행복한 선택을 하자

노력해도 보상받지 못하는 삶은 무척 괴롭고 힘들 것이다. 그런 삶을 살아가는 사람에게 '꾸준함'을 강조한들 아무런 소용이 없다.

자기 자신에게 가혹한 조건을 선택하도록 강요하지 말

자. 그 선택에는 '즐겁다, 기쁘다, 재미있다, 만족스럽다, 행복하다'처럼 긍정적인 느낌이 존재하지 않는다. 처음부터 '즐겁다, 기쁘다, 재미있다, 만족스럽다, 행복하다'와 같은 긍정적인 감정이나 자신의 욕망이 담겨 있지 않은 선택지를 고르면, 선택한 후에도 긍정적인 기분을 느낄 수 없다.

긍정적 실감이 부족하면 '꾸준함'으로 이어지지도 않는다. 그렇기 때문에 금방 포기해버리는 것이 어찌 보면 당연하다. 이와 관련한 내용은 뒤에서 더 자세히 설명하겠다.

우선 '그만두고 싶다'는
자신의 마음을 받아들인다.

-

부정적인 생각을 멈추고 진짜 이유를 찾는다.

-

억지로 노력하면 '노력해도 보상받을 수 없다'는
생각이 무의식 속에 새겨진다.

-

긍정적 감정과 자신의
욕망이 담긴 선택을 하자.

# 왜 자꾸만
# 이직을 되풀이할까

## ✦ 잠자코 시키는 대로만 하면 편하다?

어떤 책에서 이런 문장을 읽은 적이 있다.

'인간은 본래 스스로 생각하여 판단하고 행동하는 것을 고통스럽게 느낀다. 묵묵히 따르기만 하면 편해진다.'

이 문장에서 말하는 내용은 과연 사실일까? 물론 '잠자코 시키는 대로만 하면 편하다'라든가, '묵묵히 따르는 편이 안전하다'고 생각하는 사람도 많다. 그렇다고 생각하고 판단하는 것이 고통스럽다는 의미가 아니다.

'시키는 대로만 하면 안전이 보장되는' 가정이나 사회 속

회사를 자주 옮기는 당신

에서 나고 자랐다면, 스스로 생각하고 행동하는 일이 고통스러울 수도 있다. 처음부터 시키는 대로 행동하는 습관 때문에 스스로 판단하는 일에 공포를 느낄지도 모른다.

반대로, '자신의 기분이나 감정, 욕망을 기준으로 판단하고 스스로 자유롭게 결정하는 것이 당연한' 환경이었다면 어떨까?

자신의 감정과 욕망을 충족하는 일은 기쁨으로 이어진다. 자신의 기분과 욕망을 만족시키는 판단과 선택을 하고 행동하는 일도 기쁨이다.


정서적 측면에서도 '시키는 대로만 하면 편하다'에서 말하는 '편안함'과 '자신의 욕망을 충족하기 위해 생각하고 행동하는 기쁨'은 정서의 질이 확연히 다르다. 애초에 전자는 마음의 자유, 자신을 위한 삶의 기쁨과 만족감을 저해한다.

'시키는 대로만' 하면 되는 상황은 바꾸어 말하면 '나에게 지시와 명령을 내리는 누군가가 존재'하는 상황이기 때문이다. 그 누군가는 사람일 수도 있지만, 때로는 사회 규범이나 규율, 일반 상식, 습관 또는 틀에 박힌 가치관 같은 것일 수도 있다.

## ✦ 일이 좋은데 '왜' 회사를 관둘까

'시키는 대로만 하면 편하다, 안전하다'라는 잘못된 생각은 인간으로서의 가치를 떨어트릴 뿐만 아니라 자책하고 자신 감을 없애는 원인이 된다.

한 30대 초반 남성의 이야기를 들어보자. 이미 여러 번 직장을 옮긴 그는 이직의 이유를 다음과 같이 말한다.

"월급도 더 많이 주고 일하는 환경도 좋은 회사에 가고 싶어요."

지금 하는 일이 싫지는 않지만, 어느 정도 일에 익숙해지면 이런 생각이 들어서 이직을 결심한다. 하지만 회사를 옮겨도 결국 또 금방 그만두기 일쑤였다.

지금은 한 회사를 2년째 다니고 있지만, 일할 의욕을 잃은 지 오래라 매일 회사에 출근하는 것이 너무 괴롭다고 했다. 그런데도 지금 다니는 회사를 그만두지 않는 이유는 이직을 해도 결국 마찬가지였던 경험이 그를 주저하게 만들어서다.

어째서 그는 이처럼 이직을 하고 싶어 할까? 그리고 왜 직장을 옮겨도 똑같은 패턴에 빠지고 마는 걸까? 이유는 간단하다. 그가 자신의 감정이나 욕망을 충족하기 위해 판단하고 행동하는 기쁨과 만족감을 알지 못하기 때문이다.

사람은 자신의 마음에 따라 스스로 생각하거나 욕망을 만족시키기 위해 행동할 때 가장 큰 만족감을 느낀다. 자기 생각을 바탕으로 새로운 아이디어를 떠올리거나 창의력을 발휘할 때 기쁨과 만족감을 얻는다.


그런데 경험이 부족하면 어떨까? 아니, 애초에 기쁨과 만족을 느끼는 '감도'가 낮으면 어떨까?

우리는 미각·후각·촉각·청각·시각은 물론 피부에 닿는 느낌부터 희로애락과 같은 다양한 기분, 생각을 통해 생겨난 감정까지 모두 느끼며 살아간다. '느낀다'는 말을 자주 하면서도 그 느낌을 확실히 아는 경우는 드물다. 많은 사람이 '느낌'을 막연하게만 여긴다. 특히 감정이나 감각과는 다른 '사고방식이 만들어낸 느낌'을 정확히 구별하지 못한다.

말로는 설명하기 어렵지만, 뜨거운 물에 무심코 손이 닿았을 때 '뜨겁다!'라고 느끼는 것(수동적)과 뜨거운 물에서 나는 김을 보고 저 물이 '뜨겁다'라고 느끼는 것(능동적)은 엄연히 다르다.

후자처럼 능동적인 '느낌'이 바로 자기중심 사고방식이다.

이 남성이 금방 직장을 그만두는 이유는 느낌에 대한 '감도'가 낮아서 자기 생각과 욕망을 충족하지 못하기 때문이다.

직장에서 맡은 일을 능숙하게 처리하기 위해서는 우선 기본적인 업무를 숙지해야 한다. 이런 일은 신입사원이라면 누구나 해야 하는 일이기 때문에 자신의 만족과는 거리가 멀다.

기본적 업무 외에 직장에서 자신을 만족시키기 위한 기쁨을 찾지 못하면 그저 묵묵히 주어진 일만 하게 되기 마련이다. 직장생활에는 '편안함'은 있을지언정 마음을 채워줄 기쁨이 없다. 새로운 무언가를 발견하고 만들어내는 기쁨과 즐거움도 얻을 수 없다. 기쁨과 즐거움을 느껴본 적이 없으니 무슨 일을 해도 즐겁지도 재밌지도 기쁘지도 않다.

분명히 이 남성도 기본적인 업무를 숙지한 이후부터 일에 대한 흥미를 잃었을 것이다. 그러다 보니 '주어진 일'만 처리하기 급급하고, 일을 통한 보람과 만족을 전혀 느끼지 못했던 것은 아닐까.

회사를 자주 옮기는 당신

## ✦ 긍정적 감도를 높여보자

이 남성처럼 되지 않기 위해서는 '감도'를 높여야 하지만, 긍정적인 '감도'를 높이기란 말처럼 쉽지 않다. 평소에도 자신이 중심이 되어 주어진 상황을 긍정적으로 받아들여야 한다.

○ 내 욕망을 채울 수 있어서 다행이야

○ 내 바람이 이루어져서 참 좋아

○ 날 위해 행동해서 무척 기뻐

간단해 보이지만, 지금까지 타인중심으로 살아온 사람에게는 의외로 어려울지도 모른다. 어렵게 느껴진다면 먼저 '자신의 감정을 받아들이는 연습'을 해보자.

금방 포기하는 자신의 모습에 자책하고 있다면, 다음 문장을 읽어보자. 가능한 한 입으로 소리를 내어 말해야 더욱더 마음으로 받아들이기 쉽다.

"금방 포기해도 괜찮아. 이도 저도 아니면 어때."

"맞아, 나는 이 일이 하기 싫어. 지금이라도 알아서 다행이야."

"싫어하니까 그만두는 것이 당연하지."

"하기 싫으니까 그만둘 거야."

"그만두니까 너무 좋다."

"나는 아직 이 일이 좋은지 싫은지 모르겠어. 그러니까 조금 더 해보고 그래도 싫으면 그때 그만둬야지."

말해보니 어떤 기분이 드는가? 자신의 마음을 느껴보자. 느껴지는 기분이 바로 자신의 마음이다.

## ✦ 자신의 마음을 받아들이는 것부터

'왜 난 무슨 일을 해도 끝까지 못 할까, 정말 한심해'라며 자신을 자책하는 이유는 타인중심 사고방식 때문이다. 타인중심이 되면 끝까지 하지 못한 일에 죄책감을 느끼고 자신을 탓한다.

그런 사고방식은 자신의 기분, 욕망, 기분을 무시하고 억압한다. 절대 나에게 능력이 없어서가 아니며, 내 탓이라는 생각 자체가 처음부터 잘못된 것이다.

앞서 해본 소리 내어 말하기는 자기중심 사고방식에 도움을 준다.

어떤 기분이 들더라도 그 기분을 느끼는 자신을 받아들이자. 아직 잘 모르겠다면, 계속 반복해서 말해보자. 마음이 평온해지면서 가벼워지고, 온몸의 긴장이 풀어지는 느낌이 들 것이다. 이런 몸과 마음의 긍정적 감각대로 '자신의 마음을 받아들이는 것'이다.

타인중심 사고방식은 우열을 가리고 강자와 약자를 구분하는 데 집착한다. 어떤 일을 끝까지 해내지 못하면 스스로 열등하다고 생각하기 쉽다.

자신의 마음이 '싫다'고 느끼는 일을 그만두는 것은 잘못이 아니다. 자신의 마음을 받아들이는 무척 중요한 일이다. 오히려 자신의 마음을 받아들일 때 비로소 어떤 일이든 끝까지 해낼 수 있다.

직장을 옮겨도 같은 패턴에 빠지는 것은
자신의 마음에 따라 행동하지 않았기 때문이다.
-
'자기중심' 사고로 긍정적 감도를 높이자.
-
어떤 기분이 들어도
일단 자신의 마음을 받아들이자.

## 3장

취미를
만들지
못하는 당신

# 어떤 취미생활도
# 오래가지 않는다?

## ✦ 좋아서 시작했는데 왜 시들해질까

한 30대 초반 여성이 상담실을 찾아왔다.

"요가, 영어, 요리 교실 등 학창 시절부터 지금까지 배웠던 걸 모두 합치면 열 가지도 넘을 거예요. 하지만 어떤 것도 오래 하지 못했어요. 어느 순간부터 배우러 가는 것 자체가 고통스러워지더라고요. 6개월이면 그래도 꽤 오래 한 편이에요.

한 가지 취미를 몇 년 동안이나 하는 사람을 보면 너무 부러워요. 저도 그렇게 오랫동안 할 수 있는 취미를 찾고 싶어요."

우리가 새로운 취미생활을 시작하는 계기는 무엇일까?

'이거 재밌어 보이는데? 한번 해볼까?'

보통 처음에는 이렇게 단순한 흥미와 호기심으로 시작하지만, 막상 실제로 해보면 상상했던 모습과 전혀 달라 실망할 수도 있다.


'내가 원한 건 이런 게 아니었는데.'

'생각보다 재미가 없네.'

즐거운 마음으로 시작했지만, 점점 가기 귀찮아지기도 한다.

당신이라면 이럴 때 어떤 기분이 들까? 금방 그만두려는 자신의 모습을 부정적으로 받아들일까? 긍정적으로 받아들일까?

부정적으로 받아들인 사람은 틀림없이 이런 생각을 할 것이다.

'나는 열정도 없고, 집중력도 부족하고, 근성도 없어.'

이럴 때 스스로 부정하거나 자책하면, 다른 일을 하려고 할 때 쉽사리 도전하지 못하고 불안감에 휩싸이기 쉽다.

'이번에도 전처럼 끝까지 못 하고 포기해버리면 어떡하지.'

'이번에는 중간에 그만두지 말아야 할 텐데.'

아직 시작하지도 않았는데 미리 걱정하고 주저하게 된다.

겨우 시작했더라도 반드시 열심히 해야 한다는 압박감이 자신을 짓누를지도 모른다.

'이번에야말로 진짜 열심히 해야 해. 최선을 다해 노력해서 끝까지 해야지.'

당연한 말이지만, 시작하기도 전에 부정적인 생각을 하거나, 스스로 다그치면서까지 애쓰면 오히려 꾸준히 하기 어렵다.


### ✦ 즐겁지 않으면 그만둬도 될까

자기중심으로 생각하는 사람은 어떨까? 자신의 기분이나 감정, 욕망을 판단의 기준으로 삼는다. 스스로 판단하고, 선택하고, 행동할 때 타인을 기준으로 삼거나 자신의 마음을 무시하지 않는다.

다른 사람의 말에 어쩔 수 없이 따라야만 하는 상황이라도 가능한 한 자신의 진짜 마음에 귀를 기울이고, 마음이 원하는 선택을 하려 노력한다. 그러므로 자기중심 사고방식에서는 지금 배우고 있는 일이 '재미없고, 즐겁지 않다면' 그만두는 것이 '당연하다'. 더군다나 그것이 취미생활이라면 어떤 선택을 하든 자신의 자유다.

자유를 우선시하면 '생각보다 재미가 없네'라고 느껴졌을 때, 자신의 마음을 솔직하게 받아들일 수 있다. 아무 이유 없이 문득 가기 싫어진 것도, 취미생활을 그만두는 '타당한 이유'가 된다.

스스로 깨닫지 못했을 뿐, 분명 '가기 싫은 이유'가 있을 것이다. 아마도 마음속 어딘가에는 구체적 이유가 숨어 있을지도 모른다.

혹시 아무리 생각해도 마땅한 이유가 떠오르지 않는다면 당신이 타인중심으로 생각하고 있지는 않은지 돌아보자. 타인중심으로 생각하는 사람은 가기 싫다고 느끼는 자신을 용납하지 못하고 죄책감을 느낀다. 머리와 마음이 부정적 생각으로 가득 차 있기 때문에 '가기 싫은 이유'까지 생각할 여유도 없다.

자신의 마음을 인정하지 못하는 것도 타인중심의 특징이다. 자신의 마음을 받아들이려 하지 않으므로 마음을 무시한 채 사회가 정해놓은 상식이나 규칙을 우선시한다.

# 내 마음 받아들이기

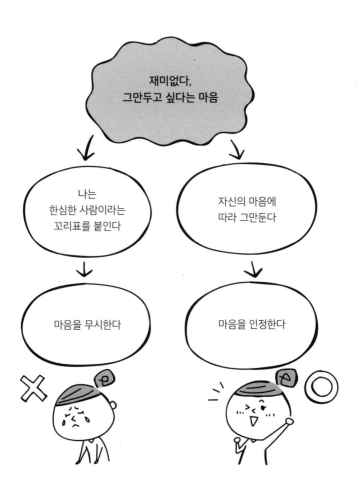

재미없다,
그만두고 싶다는 마음

나는
한심한 사람이라는
꼬리표를 붙인다

자신의 마음에
따라 그만둔다

마음을 무시한다

마음을 인정한다

그래서 가기 싫다는 마음을 용납하지 못하고 스스로 '한심한 사람'이라는 꼬리표를 붙인다. 도중에 그만두기라도 하면 '나는 정말 구제 불능이야'라며 더욱더 자책한다.

진짜 문제는 취미생활을 중간에 그만두는 것이 아니다. '자신을 받아들이지 못하는 당신'이 더 큰 문제다.


## ✦ 그만두고 싶은 마음 인정하기

많은 사람이 어떤 일을 중간에 그만두거나 꾸준히 하지 못하는 것을 지나치게 부정적으로 여긴다. 부정적 생각 때문에 스스로 '한심하다'고 여기는 사람도 많다. 그런데 진짜 속마음을 들여다보면 이야기가 달라진다.

'이제 그만두고 싶어. 하지만 중간에 그만두면 한심한 사람이 되니까 끝까지 해야만 해.'

이런 마음으로 무언가를 꾸준히 하는 것이 의미가 있을까? 괴로운데도 억지로 참아가며 하는 일에서 '재미와 즐거움'과 같은 만족감을 얻기란 여간 어려운 일이 아니다.

시도 때도 없이 밀려드는 '진짜 그만두고 싶다'는 생각 때문에 마음이 요동치고, 오히려 이도 저도 아닌 상태가 될지

취미를 만들지 못하는 당신

도 모른다.


이럴 때, 자기중심으로 생각하면 취미생활뿐만 아니라 다른 일을 할 때도 명확한 기준이 생긴다.

'내가 할 수 있는 것부터 해보자.'

내가 좋아할지 어떨지는 생각만 해서는 알 수 없다. 실제로 해봐야만 확실해진다.

'일단 해보고 내 마음을 느끼면서 마음을 따라 결정해야지.'

이렇게 생각하면, '그만둔다'는 결정도 자신의 판단에서 비롯한 것이므로 긍정적으로 받아들일 수 있다. 자신의 마음을 인정했기에 비로소 '자신의 행동'을 받아들이고, 자기 자신을 부정하지 않게 된다.

눈앞에 펼쳐진 상황은 같다. '가기 싫어서' 그만두는 결과도 같다.

타인중심으로 생각하는 사람은 똑같은 결정과 행동도 부정적으로 받아들인다. 그래서 그만두든 그만두지 않든 상관없이 자책하고 후회한다.

심지어 사용하는 언어도 다르다. 이럴 때 타인중심인 사람들은 '가기 싫다'는 말 대신 '갈 수 없다'는 말을 쓴다. 가기 싫어하는 자신의 모습을 끝내 인정하지 못하기 때문이다.

무엇보다 가장 큰 문제는 '끝까지 해내야만 한다'고 믿는 그들의 생각이다. 무슨 일이든 '끝까지 해내야만 한다'는 잘못된 생각에 사로잡혀 있기 때문에 자신의 마음을 부정하고, 인정하지 못하는 것이다.


## ✦ '한심한 인간'이라는 꼬리표를 붙이면

자책하는 사람은 끊임없이 자신을 탓한다. 한번 자책하기 시작하면 다른 이유나 원인을 찾으려는 노력 없이 그저 스스로 원망하는 것으로 모든 일이 끝난다.

'한심한 인간'이라는 꼬리표도 마찬가지다. 일단 스스로 한심하다는 꼬리표를 붙여버리면, 모든 일의 원인은 내가 한심해서가 되어버린다. 자신이 하던 일을 왜 중간에 그만두려 하는지 진짜 이유도 찾을 수 없다.

앞서 예로 들었던 여성의 이야기를 다시 살펴보자.

"학창 시절부터 지금까지 배웠던 걸 모두 합치면 열 가지

취미를 만들지 못하는 당신

도 넘을 거예요. 하지만 어떤 것도 오래 하지 못했어요."

이 여성은 열 가지도 넘는 취미를 배웠다고 말하지만, 각각의 취미를 왜 그만두었는지는 정확히 알지 못한다. 그때 그때 달랐을 자신의 '마음'을 무시하고 하나로 뭉뚱그려 생각하고 있다. 확실한 이유를 알지 못하기 때문에 자신을 부정적으로 여길 수밖에 없다.

'난 뭘 해도 항상 끝까지 하는 법이 없어. 그럴 만한 능력이 없나 봐.'

게다가 취미로 배우던 것을 그만둘 때마다 '나는 한심해'라고 생각하다 보니 자신감도 점차 사라진다.

'어차피 시작해도 또 금방 그만둘 텐데. 해봤자 소용없어.'

계속해서 자신을 부정하면 결국 새로운 시도조차 할 수 없게 된다.

이렇게 되어버린 원인은 그녀의 능력이 모자라서가 아니다. 자신의 마음과 감정, 욕망을 무시하고 각각의 취미생활을 그만두었던 이유에 대해 깊이 고민하지 않았던 것이 가장 큰 문제다.

스스로 깨닫지 못했을 뿐, 열 가지가 넘는 취미생활을 그만둘 때는 분명 제각기 다른 이유가 있었을 것이다. 그 이유를 '내가 능력이 없어서'라는 말 한마디로 뭉뚱그리면 정확한 원인을 찾을 수 없다.

취미생활을 선택하고 그만둘 때는 '내가 어떤 마음인지' 분명히 자각해야 한다.

## ✦ 그만두고 싶은 이유는 하나가 아니다

보통 취미라고 하면 스스로 좋아하는 일을 하는 경우가 대부분이다. 내가 원해서가 아닌 회사 동료나 친구의 권유로 시작하는 경우도 있고, 주위 사람들이 모두 무언가를 배우고 있어서 함께 어울리기 위해 취미를 갖는 사람도 적지 않다.

'다른 사람들은 모두 취미를 갖고 있으니까.'

'다들 하는 취미생활을 하지 않으면 어울리지 못할까 봐 불안해서.'

'나만 뒤처지는 것 같은 기분이 들어서.'

심지어는 뚜렷한 동기 없이 그저 다른 사람들이 하니까 분위기에 휩쓸려 무작정 시작한 사람도 있다. 당연히 이런 생각만으로 시작한 취미생활은 오래갈 수 없다.

취미생활을 그만두는 이유는 이 밖에도 여러 가지가 있을 수 있다. 진짜 이유를 알기 위해서는 자신의 마음을 항상 살펴야만 한다.

어쩌면 취미생활 자체는 즐겁지만, 가르쳐주는 선생님이 마음에 들지 않을 수도 있다. 함께 배우는 사람 중에 불편한 사람이 있을지도 모른다. 이런 경우에는 다른 선생님을 찾거나, 개인 교습으로 바꾸기만 해도 훨씬 즐겁게 오랫동안 계속할 수 있다.

매일 정해진 수업 시간에 참석하기 힘든 사람도 있을 수 있다. 이런 사람은 자신의 스케줄에 맞추어 갈 수 있는 시간에만 개인 교습을 받는다면 중간에 그만두지 않아도 된다.

이렇게 자신의 마음을 깨달으면 중간에 그만두지 않고 오래 할 수 있는 방법이 보인다.

## ✦ 타인과의 경쟁을 그만두자

취미생활뿐만 아니라 어떤 일이든 끝까지 하지 못하게 되는 가장 큰 이유는 바로 '타인과의 경쟁'이다. 경쟁을 통해 자신의 능력을 키울 수 있으니 오히려 좋은 것 아니냐고 되묻는 사람이 있을지도 모른다.

모두가 하나의 목표를 향해 노력하고 서로 격려하는 스포츠 경기에서는 선의의 경쟁이 긍정적으로 작용한다.

그러나 일상생활 속 '타인과의 비교와 경쟁'은 스포츠의 경쟁과는 그 의미가 전혀 다르다. 스포츠 선수들은 서로 경쟁자이지만 막상 경기가 시작되면 오직 자신의 플레이에만 열중할 뿐, 다른 선수에게는 '무관심'에 가까운 상태가 된다.

반면, 타인과의 비교와 경쟁이 일상화된 사람은 자신이 라이벌로 여기는 상대방을 끊임없이 신경 쓰고 지나치게 의식한다. 혼자서 모든 일에 승패를 따지며 고군분투하는 모습은 스포츠 선수들이 벌이는 선의의 경쟁과 거리가 멀다.


때로는 지나친 '경쟁'이 자신감을 잃는 원인이 된다. 스포츠 선수들은 경기에서 무관심한 상태로 자신의 플레이에만 집중하고 잡다한 생각을 하지 않기 때문에 경기가 끝나면 개운함과 만족감을 느낀다.

취미를 만들지 못하는 당신

하지만 일상생활 속에서 끊임없이 타인과 자신을 비교하면, 어떤 일을 해도 '재미와 즐거움과 두근거림'을 느낄 수 없다. 오히려 상대방을 의식하고 경쟁하려 할수록 승패의 결과에 뒤따라오는 여러 부정적 감정에 빠지게 된다.

그나마 비슷한 실력을 갖춘 라이벌과의 대등한 경쟁은 실력을 키우고 성장하는 보람을 느낄 수 있다는 장점이 있다.

그런데 도저히 따라잡을 수 없을 정도로 월등히 뛰어난 라이벌을 만나면 이야기가 다르다.

'저 사람은 어떻게 해도 이길 수 없어. 난 어차피 질 게 뻔해.'

좁혀지지 않는 라이벌과의 격차에 좌절하고 패배감에 휩싸여 보람은커녕 오히려 의욕을 잃고 말 것이다.

다른 사람을 지나치게 의식하고 경쟁하기 좋아하는 사람 중에는 처음부터 오로지 경쟁만을 위해 취미를 시작하는 경우도 있다. 이런 사람일수록 경쟁에서 패배했다고 느끼는 순간, 취미에 대한 흥미를 급속히 잃는다.

반대로 압도적인 승리를 거둔다고 해도 의욕이 사그라든다. 취미생활의 이유였던 '경쟁 상대'를 이기겠다는 목표가 없어졌기 때문이다.

이처럼 '경쟁' 그 자체를 목표로 삼으면 승패와 상관없이 승부가 결정 나는 순간, 하고자 하는 의욕이 사라진다.


## ✦ 나의 느낌에 집중할 것

타인의 말에 동요하지 않고 자신의 마음에만 집중하면 무슨 일이든 꾸준히 할 수 있을 뿐만 아니라 관심 분야도 점점 넓어진다.

예를 들어, 광물의 반짝임에 마음을 빼앗긴 사람은 단순히 '아름답다'고 생각하는 것에서 그치지 않는다. 원석의 이름이나 어원도 알고 싶고, 갖고 싶은 마음에 광물을 수집하기도 한다.

수집으로도 성에 안 차 본격적으로 공부를 시작하는 경우도 있다. 어떤 성질이 있는지, 왜 이런 색을 띠는지, 원산지는 어디인지, 어느 시대에 만들어진 것인지 등 다양한 의문을 해결하기 위해 꾸준히 공부하다 보면 결국 이 분야의 전문가가 될 수도 있다.

다시 취미 이야기로 돌아가 보자. 내가 취미활동을 시작하게 된 동기는 무엇이었을까?

'이걸 배우면 일에 도움이 된다고 해서.'

'자격증을 따야 좋은 평가를 받을 수 있어서.'

'다른 사람보다 우위에 서고 싶으니까.'

순수하게 '하고 싶어서'가 아닌 이해관계와 경쟁의식 때문에 시작한 취미는 오래가지 못한다.

의욕이 사라진 이유가 잘못된 동기에 있었다는 사실을 알게 되면, 스스로 붙였던 '한심한 인간'이라는 꼬리표도 뗄 수 있지 않을까.

물론 꼭 특별한 동기가 있어야만 취미생활을 시작할 수 있는 것은 아니다. 자신이 어떤 마음으로 취미를 시작했는지, 실제로 해보니 어떤 기분이 드는지를 스스로 깨닫는 것이 중요하다. 그래야만 중간에 취미생활을 그만두었을 때도 자책하지 않는다.

자신의 마음을 받아들임으로써 그만두기로 한 결정을 오히려 긍정적으로 생각할 수도 있다.

'그만두고 싶다'라는 마음을 인정히지.

-

스스로 '한심한 사람'이라는
꼬리표를 붙이지 말자.

-

타인과 경쟁하지 말고
자신의 마음에 집중하자.

취미를 만들지 못하는 당신

# "취미가 뭐예요?"라는
# 질문에 대답할 수 없다

### ✦ 감도가 낮은 사람들의 모습

어떤 취미생활을 해보아도 금방 질려버리거나 얼마 못 가 흥미가 사라지는 원인은 무엇일까?

가장 큰 이유는 감정을 느끼는 '감도'가 낮기 때문이다.

만족감, 충실감, 행복함과 같은 긍정적 감정은 본인이 직접 느껴야만 의미가 있다. 아무리 머릿속으로 '만족하고 싶다, 충실한 인생을 살고 싶다, 행복해지고 싶다'고 생각해도, 감각과 감정을 느끼는 센서가 작동하지 않으면 실감할 수 없는 법이다.

한 30대 초반 남성의 고민을 들어보자.

"다른 사람들이 '취미가 뭐예요?'라고 물어보면 뭐라 대답해야 할지 모르겠어요. 취미를 가져보려고 여러 가지(자전거, 등산, 풋살, 웨이트트레이닝)를 해봤는데 다 금방 그만두었어요. 다들 취미 하나쯤은 갖고 있던데 저는 취미라 부를 만한 것도 없고 뭘 해도 흥미가 안 생겨요. 이런 제가 너무 부끄럽고 한심해요."

이 남성의 고민은 '감도'가 낮은 사람들의 전형적인 모습이다.

'뭘 해도 흥미가 안 생기는 자신이 부끄럽고 한심하다'라는 말에서 그가 자신의 마음보다 다른 사람의 시선이나 수군거림을 중요시한다는 사실을 알 수 있다.

타인을 지나치게 의식하면 자신의 마음과 감정을 깨닫기 어렵다. 자신의 마음과 감정을 무시하면 할수록 감정의 감도도 점점 더 낮아진다.

## ✦ 집에서 뒹굴뒹굴하는 것도 멋진 취미

이렇다 할 취미가 없어도 자기중심으로 생각하는 사람은

"취미가 뭐예요?"라는 질문에 얼마든지 답할 수 있다.

"집에서 혼자 뒹굴뒹굴하는 게 제 취미예요."

"혼자 여유롭게 보내는 시간이 제일 행복해요."

자기중심인 사람은 아무 일 없이 집에 있는 시간조차 자신을 위한 최고의 시간으로 여긴다.

다른 사람과 비교하지 않고 오롯이 자기 자신만을 생각하는 시간을 진심으로 '행복하다'라고 느낄 수 있게 되면, 마음속 깊은 곳에 잠들어 있던 진짜 마음이 깨어나 자신의 기분이나 감정, 욕망을 더욱더 잘 알 수 있다.

**다른 사람을 신경 쓰지 않고 내 마음에만 집중한다**

내 취미는 집에서 뒹굴뒹굴하기

## ✦ '만족감'은 꾸준함의 원동력

즐거움이나 기쁨 같은 '긍정적 기분'은 무슨 일이든 꾸준히 할 수 있는 원동력이다.

"지금 하는 일이 너무 재밌어."

"지금 하는 일이 어떤 성과를 거둘지 기대돼."

"지금 이 작업을 하는 시간이 즐거워."

특히 '어떤 일에 집중할 때' 긍정적인 기분을 느끼는 것이 중요하다. 바로 '지금' 느껴지는 즐거움과 만족감이 꾸준함으로 이어지기 때문이다.

이 같은 사실은 의학적으로도 증명된다. 우리의 뇌 속에서는 뇌내 호르몬이라고도 부르는 신경전달물질이 분비된다. 이 신경전달물질 중에서도 쾌락물질이라 불리는 것이 있는데, 바로 유명한 베타엔도르핀과 도파민이다.

도파민은 중추신경계에서 분비되는 신경전달물질 중 하나로, 운동 조절과 호르몬 조절을 담당한다. 학습 능력과도 깊은 관련이 있다. 도파민이 대뇌변연계에서 생기는 희로애락과 같은 감정과 신경을 연결하고, 이 신경에서 분비된 물질이 긍정적 감정을 느끼게 하고 의욕을 높인다.

뇌는 크게 대뇌신피질, 대뇌변연계, 뇌간으로 나눌 수 있다. 이 중 대뇌변연계의 한 부위에 해당하는 편도체는 감정과 정동 반응의 처리를 담당하고, 기억에도 중요하게 관여한다.

'기억과 학습'을 담당하는 해마도 대뇌변연계의 부위 중 하나며 편도체와 밀접한 관련이 있다. 편도체가 활성화되면 해마도 함께 활성화된다. 대뇌변연계의 편도체와 해마가 활성화되면 베타엔도르핀과 도파민의 분비가 촉진되어 학습력과 기억력이 높아진다.

이렇게 뇌의 구조나 기능을 통해서도 '즐거움과 기쁨' 같은 긍정적인 감정이 의욕을 높여주고, 꾸준함을 유지하는 원동력이 된다는 사실을 알 수 있다.

다른 사람을 지나치게 의식하면
자신의 마음을 느낄 수 없다.

–

자신에 대해 생각하는 시간을 '행복하다'고 느껴야만
비로소 자신의 진짜 마음을 알 수 있다.

–

'만족감'과 같은 긍정적 감정이 의욕을 높인다.

취미를 만들지 못하는 당신

# 취미에 깊이
# 빠져들지 못한다

## ✦ 꼭 마니아가 되어야 할까

긍정적 감정 말고도 꾸준함을 유지할 방법이 있다. 바로 '중간에 그만두기'다. 역설적으로 들리겠지만, 이 방법이야말로 무언가를 꾸준히 하기 위해 가장 좋은 방법이라 해도 과언이 아니다.

많은 사람이 한번 시작한 일을 끝까지 하지 못하고 도중에 포기하는 자신의 모습을 창피하게 여기고 자책한다. 전혀 그럴 필요가 없다.

앞서 뇌의 구조와 기능에서 설명했듯이, 괴로움을 참아가며 애쓰는 것보다 쾌락물질을 활성화하는 것이 훨씬 좋은 결과를 낳을 뿐만 아니라 꾸준함에도 도움이 된다.

자기 자신을 '한심한 인간'이라며 부정하는 마음도 쾌락 물질의 분비를 방해하는 중요한 요인이다.

상담실에 찾아온 한 20대 후반 여성은 이런 고민을 털어놓았다.

"좋아하는 일이나 즐겁다고 생각하는 일(영화, 음악, 독서 등)은 많이 있는데, 전부 수박 겉 핥기 식에 불과해서 어디가서 '마니아'라고 할 만한 수준은 아니에요. 영화만 해도 하루에 세 편을 연달아 볼 때도 있지만 1년 동안 한 편도 보지 않은 적도 있어서 차이가 심하거든요. 예전에 영화 감상이 취미인 사람들과 대화를 하다가 '그것도 몰라?'라며 핀잔을 들은 적이 있는데 정말 너무 창피했어요."

그녀는 자신의 취미가 '수박 겉 핥기'에 불과하다며 자책한다. 그렇게 생각하는 이유는 '꾸준히 하지 못했다'는 결과에 집착하기 때문이 아닐까? 조금 다른 방식으로 생각해보면 어떨까?

## ✦ 중간에 그만두기

결과가 아닌 어떤 일을 한창 하는 '지금'에 초점을 맞춰보자.

좋아하는 일에 푹 빠져 있다가 문득 시간을 확인해보니 원래 하려던 시간을 훌쩍 넘긴 시간이었다면, 이 여성은 어떤 결정을 내렸을까?

'좀 더 하고 싶지만, 내일 회사에 가야 하니까 이쯤에서 그만해야지.'

'더 하고 싶지만, 오늘은 피곤하니까 다음에 또 해야겠다.'

'오늘은 다른 약속이 있으니까 딱 한 시간만 해야지.'


아마도 이렇게 '자신의 몸 상태나 마음과의 상담'을 통해 중간에 그만두기로 결정할 것이다. 그녀가 '자신의 마음'을 기준으로 삼았기에 가능한 일이다. 자신도 모르게 '꾸준히 하기 위한' 최고의 방법을 실천하고 있던 셈이다.

게다가 이 방법에는 커다란 장점이 있다. 한창 '즐거움과 재미'를 느낄 때 그만두기 때문에 '다시 시작하기'가 '손꼽아 기다려진다'라는 점이다.

매주 챙겨 보는 드라마가 완결되기 전까지 그 드라마가 방영되는 요일이 오기만을 기다리는 심리 상태와도 닮았다.

## '중간에 그만두기'가 중요하다

취미를 만들지 못하는 당신

긍정적인 감정의 여운이 다음 시간까지 이어지면 어떤 일이든 꾸준히 할 수 있다.

하나의 취미를 오랫동안 계속하기 위해서 절대 무리해서는 안 된다. 자기 몸 상태와 마음을 무시하고, 자신을 부정하거나 억지로 채찍질을 해가며 그만두지 않기 위해 애쓰는 것은 고통일 뿐이다.

그만둘지 말지를 결정할 때는 언제나 '자신의 마음과 상담'해서 판단하자.

## ✦ 꾸준함의 비결

자신에게 맞는 속도란, '즐겁고 쾌적한 기분으로 꾸준히 할 수 있는 속도'를 말한다. 자신만의 '긍정적 속도'를 찾으면 어떤 일이든 꾸준히 하지 못할 이유가 전혀 없다.

결국 꾸준함의 비결은 '적극적으로 그만두기'를 할 수 있느냐에 달려 있다. 혹시 취미생활을 하다가 '별로 재미가 없네'라고 느껴진다면 자신의 마음을 기준으로 단호하게 그만두자. 이런 결정을 내린다고 해서 자기 자신에게 '또 그만둔 거야'라며 핀잔을 줄 필요는 없다. 오히려 '내 마음에 따라 그만두길 잘했어'라고 스스로 칭찬해주자.

'적극적으로 그만두기'는 하고 싶은 마음을 억눌러야 하므로 매우 어려운 일이다. 잘할 수 있을 때까지 꽤 많은 연습이 필요하다.

이 연습 방법에 대해서는 6장에서 다시 설명하겠다.

'꾸준히' 하기 위해 '중간에 그만두기'!

-

'즐거움과 재미'를 느낄 때 그만두면
'다시 시작하기'가 손쉽어 기디려진다.

-

즐겁고 쾌적하게 할 수 있는
'자신만의 속도'를 찾자.

취미를 만들지 못하는 당신

4장

사랑이

금방

식어버리는 당신

# 왜 내 연애는
# 이토록 짧을까

## ✦ 연애가 어려운 사람들

최근 연애 상담을 해오는 사람이 부쩍 줄었다. '서로 사랑하기 위한 상담'을 할 때면 타인과의 경쟁에 대해 상담할 때보다 훨씬 마음이 따뜻해진다. 연애 상담이 줄었다고 해서 모두 순탄하게 연애를 하는 것은 아니다.

"연애하는 것도 귀찮고 피곤하니까 차라리 혼자가 편하다."

이렇게 말하는 사람이 늘었을 뿐만 아니라 연애 자체를 어떻게 시작해야 할지 모르는 사람이 많아서다.

솔직히 말하면, 연애는 일반적인 인간관계보다 훨씬 어렵다. 친밀해질수록 밀착도가 높아지기 때문이다. 가족관계도 마찬가지다.

직장에서는 불편하고 싫은 사람이 있어도 버틸 수 있다. 아무리 마음에 안 들어도 퇴근하고 집에 돌아가면 마주치지 않기 때문이다. 물론 집에서도 마치 바로 옆에 있는 것처럼 신경 쓰이는 사람이 있을지도 모르지만 그럴 일은 드물다.

친구도 내가 만나고 싶을 때만 만나면 그만이다. 당분간 만나고 싶지 않으면 만나는 횟수를 줄이거나 함께 있는 시간을 줄일 수 있다. 만났을 때만 '아무렇지 않은 척'하는 것도 충분히 가능하다.


하지만 연애는 다르다. 연애는 밀착도가 높기 때문에 어쩔 수 없이 자신의 '본모습'이 드러나거나 '속마음'이 튀어나온다. 아무리 '본모습'과 '속마음'을 숨기려 해도 완전히 숨기기는 어렵다. 만나는 횟수와 시간이 늘어나면 늘어날수록 자신을 감추기 어려워진다. 상대방을 '좋아하는 마음'도 연애를 더욱더 복잡하게 만든다.

사랑이 금방 식어버리는 당신

'나를 싫어하면 어쩌지.'

'나를 어떻게 생각하고 있을까.'

이런 생각 때문에 '진짜 자신'을 내보이기가 두려워지기 마련이다. 그런데 '진짜 자신'을 보여주기 두려워하는 사람일수록 오랫동안 연애관계를 유지하기 힘들다.


## ✦ '더 좋아하는 사람이 지는 거야'라는 생각

흔히 연애를 이야기할 때 이런 말을 한다.

'더 좋아하는 사람이 지는 거야.'

연애조차 이기고 지는 경쟁관계로 여기는 사람에게는 당연한 생각일지도 모르지만, 이 생각은 완전히 틀렸다.

'너무 좋아하게 되면 결국 상대방이 시키는 대로 무엇이든 다 해야 될지도 몰라.'

'결국 그 사람이 배신해서 상처받으면 어떡하지.'

틀린 생각으로 연애 상대를 바라보기 때문에 착각에 빠진다. 그리고 상대방이 나를 좋아하는 것 이상으로 좋아하면 안 된다고 굳게 믿는다.

연애관계에서조차 승패에 집착하는 사람은 상처받는 것을 극도로 두려워한다. 이들 대부분은 '서로 상처 주는 관계'가 되는 진짜 원인이 자신이 연애를 '이기고 지는 경쟁'으로 생각하기 때문이라는 사실을 모른다.

심지어 자신이 다른 사람들보다 훨씬 상처받는 것을 두려워한다는 사실을 인정하지 않고 이렇게 오해한다.

'나는 자존심이 강한 사람이야.'

주위에서 승부욕이 강하다든가, 성격이 세다는 말을 듣는 사람일수록 자신이 자존심이 강하다고 착각한다. 게다가 필사적으로 '좋아하는 마음'을 숨기고 억누르려 노력한다.

'나는 상대방이 나를 사랑하는 만큼만 사랑할 거야.'

경쟁의식을 바탕으로 한 연애관계가 순탄할 리 없다. 연인관계인 두 사람이 모두 이런 생각을 하고 있으면, 서로 사랑하기보다 무의식적으로 '상대방을 이기기' 위해 애쓴다. 그래서 서로 지지 않기 위해 기 싸움을 하거나 질투를 부추기는 등 쓸데없이 감정을 소모하는 '진흙탕 연애'가 되기 쉽다. 이런 관계는 결국 서로를 탓하며 싸우고 질투하다가 무너진다.

그런데 일부 여성 중에는 부적절한 연애를 '진짜 사랑'으로 혼동하는 사람도 적지 않다.


## ✦ 좋아하면 좋아할수록

연애를 하지 못하거나 오래가지 못하는 이유는 사람마다 다르다.

"좀처럼 좋아하는 사람이 생기지 않아요."

"연애와 인연이 없나 봐요. 주위에도 다 동성들뿐이라 이성을 만날 기회가 없어요."

"몇 번 만나고 나면 금방 끝나버려요. 왜 그렇게 되는지 원인을 모르겠어요."

이렇게 말하는 사람들에게는 공통점이 있다. 무의식적으로 스스로 이성을 만날 기회를 마다하거나 연애를 회피하고 있다는 점이다.

제각기 다른 이유처럼 보여도 결국 원인은 자기 자신이다.


짝사랑을 예로 들어보자. 짝사랑을 해본 사람이라면 사랑을 고백할 기회가 있었는데도 불구하고 끝내 말하지 못한 경험이 있을 것이다.

그때 왜 당신은 조금 더 적극적으로 행동하지 못했을까? 당신이 오랫동안 숨기고 있던 마음을 털어놓았다면 그 후에는 어떻게 되었을까?

'다음에는 어떻게 해야 하지?'라며 불안해하지 않았을까?

짝사랑하던 상대와 진짜 사귀게 되었다면 어땠을까?

상대와 즐겁게 이야기를 나눌 수 있었을까?

'무슨 이야기를 해야 하지?'

'이런 말 해도 되는 건가?'

'이야기를 나누다가 분위기가 이상해지면 어떡하지, 내가 기분 나쁘게 만드는 건 아닐까?'

이런 걱정만 잔뜩 하지는 않았을까?

타인중심으로 생각하는 사람은 보통 상대방의 기분만 신경 쓴다. 이렇게 상대방만 의식하다 보면 마음이 불편해지기 마련이다. 자유롭게 행동할 수도 없고, 오히려 함께 있는 시간이 갑갑하게만 느껴질지도 모른다.

좋아하면 좋아할수록 상대방이 나를 싫어할까 봐 두려워진다. 나를 싫어하면 어쩌나 하는 걱정 때문에 진짜 모습을 숨기고 억지로 꾸미게 된다.

그러나 자신을 숨긴 채 만남을 지속하면 괴로워질 수밖에 없고, 자유롭게 행동하지 못하는 관계는 오래갈 수 없다.

나를 싫어할까 봐 두려워서
진짜 모습을 보이지 못한다.

-

상대방을 지나치게 의식한 나머지
자신을 숨기고 괴로워한다.

-

그래서 무의식적으로 연애를 회피한다.

# 싫은 점이 하나라도 있으면
# 전부 다 싫어진다

## ✦ 왜 상대방의 단점을 받아들이지 못할까

사귀는 사이가 되면 좋아하는 감정뿐만 아니라 '관계의 기술'이 필요해진다. 연애를 시작했다고 해서 기술이 바로 늘어나는 것도 아니다.

사람은 누구나 자신만의 말과 행동 패턴이 있다. 이 패턴은 부모님이나 형제자매 같은 가족관계를 통해 형성되는데, 타인과 관계를 맺는 기술도 패턴에 포함된다. 긍정적인 말과 행동 패턴을 가지고 있는 사람은 연애관계도 순탄하다. 반면, 패턴이 부정적이면 '일방적으로 참거나', '서로 경쟁하는' 연애관계가 되기 쉽다.

사랑이 금방 식어버리는 당신

한 30대 초반 여성의 고민을 통해 살펴보자.

"지금까지 한 사람과 1년 이상 연애를 해본 적이 없어요. 학창 시절에는 꽤 인기가 있었는데, 상대방의 단점이 하나라도 눈에 띄면 그 사람의 모든 것이 다 싫어지고 마음도 식어버리더라고요. 어느 정도 나이가 든 뒤에도 계속 이러니까 이제 친구들에게도 고민을 털어놓을 수가 없어요. 친구들은 전부 결혼하고 아이도 낳았는데…… 이대로라면 저는 평생 결혼도 못 할 것 같아요."

연애 상담을 하다 보면 이 여성처럼 '싫은 점이 하나라도 눈에 띄면 마음이 식어버린다'고 털어놓는 사람이 꽤 많다.

똑같은 고민을 이렇게 말하는 사람도 있다.

"제가 자존심이 세다 보니 상대방의 단점을 받아들일 수가 없어요."

앞서 말했듯이, 연애를 '상하관계'나 '이기고 지는 관계'로 생각하는 사람들에게 '자존심'은 다른 사람이나 자신을 납득시키기 위한 구실로 사용된다.

자존심 때문에 바보 취급을 당하거나 가벼운 상대로 여겨지는 것을 용납하지 못할뿐더러, 내심 자신이 상대방보다 낫다고 생각하는 경우도 많다. 연애관계에서 상대방이 자신과 어울리는 사람인지를 따지고, 자신보다 부족하다고 생각되면 만족하지 못한다.

'이 사람은 내 이상형과는 거리가 멀어서 어디 가서 내 연인이라고 소개하기가 좀 그렇네.'

이렇게 모순된 생각을 하고 있기 때문에 상대방이 자신이 바라는 모습에서 벗어나는 말이나 행동을 하면 도저히 참지 못한다. 이렇다 보니 연애관계가 오래가지 못하는 것도 당연하다.

## ✦ 사실은 자존심 때문이 아니다

그러나 자존심은 어디까지나 표면적 이유에 불과하다.

'싫은 점이 하나라도 눈에 띄면 마음이 식는' 자존심은 '진짜 자존심'이 아니다.

진짜 이유는 '내가 먼저 말을 꺼내는 것이 무서워. 상처받으면 어떡하지' 하며 걱정하는 두려움이다.

연애관계가 오래가지 못하는 사람들은 상대방이 자신을 거부하거나, 상대방으로부터 상처받는 것을 '극단적으로'

두려워한다. 이런 마음은 '자존심' 때문이 아니다. 오히려 낮은 자존감에서 비롯한다.

이들이 말하는 자존심은 '자기신뢰가 낮다'는 말로 바꾸어야 맞는다. 그래야만 상대방의 거부를 모욕으로 받아들이는 이유가 명확해진다.

자기신뢰가 높은 사람은 다른 사람의 평가 때문에 자신에 대한 믿음이 흔들리지 않는다. 상대방의 말과 행동이 불쾌하게 느껴지더라도 '상대방의 삶의 방식, 의견, 감정'으로 받아들이고 인정한다.

예를 들어, 연인이 손으로 입을 가리지 않은 채 재채기를 했다고 생각해보자. 자기신뢰가 낮은 사람은 재채기 때문에 침이 사방으로 튀는 모습을 보고 이렇게 생각한다.

'왜 저렇게 매너가 없지. 창피해서 같이 다닐 수가 없네.'

반면, 자기신뢰가 높은 사람은 연인에게 이렇게 조언할 수 있다.

"주변 사람들이 불편해할 수 있으니까 재채기할 때는 입을 손으로 가리고 하는 게 좋을 것 같아."

연인의 행동이 매너가 부족하다고 생각했더라도 상대방의 인격은 부정하지 않는다. 그저 '조금 적절하지 않다'고 생

## 자기신뢰가 낮은 사람

## 자기신뢰가 높은 사람

사랑이 금방 식어버리는 당신

각할 뿐이다.

　적절치 못한 행동은 고쳐주면 그만이다. 한 번 잘못했다고 해서 상대방의 전부가 싫어지는 일은 없다.


## ✦ 상대방이 점점 더 싫어지는 진짜 이유

어째서 고작 한 번의 실수 때문에 상대방의 전부가 싫어지게 되는 걸까? 그 이유는 상대방에게 아무 말도 하지 못하기 때문이다.

　자신의 마음이나 의견을 말할 수 있으면, '적절하지 않다'고 생각한 점을 바로 말하고 해결할 수 있기 때문에 마음속에 응어리가 쌓이지 않는다. 비난하거나 핀잔을 주는 말이 아니므로 그 말 때문에 다투는 일도 생기지 않는다.

　마음속으로 상대방을 '매너 없는' 사람이라고 생각하는 사람은 어떨까? 속으로 상대방을 경멸하고 무시하고, 태도나 표정에서 티를 내기도 하지만 자신의 마음을 직접 말로 전달하지는 못한다. 자신이 상처받고 싶지 않기 때문에 참는 경우도 많다.

그런데 스스로 참고 있다고 생각하는 것과 달리, 무의식적으로는 신랄하게 말하고 있을지도 모른다. 적절하지 않은 점을 직접적으로 표현하지 않을 뿐이다. 불만이 섞여 있는 만큼, 자신도 모르게 위압적이고 공격적인 말이 튀어나올 수도 있다. 이런 말 때문에 다투게 되면 상대방에게 상처를 줄 뿐만 아니라 자신도 상처받고, 그 과정에서 거부당할지도 모른다는 두려움에 사로잡힌다. 그리고 두려움은 또다시 상처 주는 말을 낳는다.

　결국 기분은 전혀 나아지지 않은 채 불만만 계속해서 쌓이는 꼴이다. 이렇게 마음속 응어리가 커지다가 포화 상태가 되었을 때, 고작 '한 번의 실수'가 마음을 식게 만든다. 절대 '한 번의 실수' 때문에 상대방이 싫어지는 것이 아니다. 그때그때 해결되지 않은 여러 가지 불만이 축적된 결과다.

　연애관계에서 금방 마음이 식어버리는 사람들은 긍정적 대화 기술이 부족한 사람이다. 그렇기 때문에 자신의 진짜 마음을 말하지 못하고, 서로에게 상처가 되는 말만 되풀이한다.

'거부당할지도 모른다'는 두려움 때문에
상대방의 '단점'을 말하지 못한다.

-

서로의 마음을 솔직히 말할 수 있는 관계를
만들지 못한 것이 문제!

# 연애가 점점
# 귀찮아진다

## ✦ '지금'에 집중하지 못하면 생기는 감정

한 20대 후반 여성이 털어놓은 고민이다.

"지금까지 네 명을 사귀었는데 모두 반년도 못 가 헤어졌어요. 다른 사람에게 제 의견을 말하기가 어려워서 말하고 싶은 게 있어도 꾹 참기만 했어요. 그러다가 도저히 참을 수 없는 일이 생기면 행동으로 드러내거나 감정이 격해진 적도 있었죠.

이런 일이 반복되다 보니 관계도 틀어지고, 다른 사람을 만나도 결국 똑같은 패턴으로 끝나버려요. 요즘에는 '어차피 오래가지도 못할 텐데, 연애는 뭐 하러 해'라는 생각이

들어서 그런지 연애가 귀찮아졌어요."

지금 이 여성처럼 연애가 '귀찮다'라고 생각하는 사람은 반드시 주의해야 한다. 사실 연애뿐만 아니라 다른 모든 일을 귀찮아하고 있을 가능성이 크기 때문이다. 어떤 일을 해도 금방 그만두고 마는 이유도 귀찮아서일지도 모른다.

왜 이렇게 쉽게 귀찮다고 느끼게 되는 걸까? 답은 간단하다. '지금'에 집중하지 않기 때문이다.

과정을 중요하게 여기지 않으면 '지금'을 느끼지 못하게 되는 치명적 문제가 발생한다. 컴퓨터 게임에 열중해 있을 때 빵을 먹으면 맛이 잘 느껴지지 않는다. 차를 마셔도 어떤 맛인지 잘 모를 뿐만 아니라 심지어는 차가운지 따뜻한지조차 모르는 경우도 있다. 바로 '지금'에 집중하지 않기 때문에 생기는 일이다.

'지금'에 집중하는 사람은 '컴퓨터 게임을 하면서'가 아니라, 일단 하던 게임을 멈추고 빵을 먹는다. 그래야 빵에 집중할 수 있기 때문에 빵의 맛이나 향, 식감을 온전히 즐길 수 있다.

이렇게 긍정적 감각을 느껴야만 만족감으로 이어진다.

긍정적 감각은 '지금'에 집중하지 않으면 느낄 수 없다. 다시 말해, 귀찮다는 생각의 정체는 '지금'에 집중하지 않았기 때문이다.


## ✦ 행복해질 수 없는 사람들의 특징

'지금'에 집중하지 않으면 자신의 기분이나 감정, 욕망도 알 수 없다. 지금 무언가를 '하고 싶다'는 자신의 욕망을 알면, 하고 싶은 일을 함으로써 욕망을 충족할 수 있다. 마찬가지로 '하고 싶지 않다'는 자신의 욕망을 알면, 그 일을 하지 않음으로써 만족감을 얻을 수 있다.

무슨 일을 하든 만족감을 느끼면 전혀 '귀찮게' 느껴지지 않는다. 평소에 자신의 진짜 마음을 알지 못하면 무엇이 불만인지, 무엇이 힘든지조차 모르게 된다. 꾹꾹 참다가 감정이 폭발해버리는 것보다 훨씬 큰 문제다.


심지어 어떤 사람은 자신이 원하는 것이 무엇인지 알지도 못하면서 상대방이 자신을 만족시켜주길 바란다.


　　　　　　　　사랑이 금방 식어버리는 당신

'좀 더 나한테 신경 써줘. 내가 말하기 전에 나를 배려해 줘.'

당연히 상대방은 그 바람을 들어줄 수 없다.

만에 하나 바람이 이루어졌다고 하더라도 만족감은 얻지 못할 것이다. 만족감은 '느끼는 것'이기 때문이다. 상대방이 자신의 바람을 들어줬다는 사실을 머리로는 이해해도 긍정적 감각으로 받아들이지 못하면 진정한 의미에서 만족하기는 어렵다.

아무리 사랑받아도 만족감을 느끼지 못하면 행복해질 수 없다.

만족감을 느끼지 못하면 아무리 사랑받더라도 그 사랑을 '기쁘고 행복하게' 받아들일 수 없다. 긍정적 감도가 낮으면 연애관계를 오래 유지하지 못한다.

자신의 마음이나 기분을 모르는 것과 더불어, 알지만 제대로 전달하지 못하는 것도 문제다. 알지만 말하지 못하는 것은 참기만 하고 말을 꺼내지 못하는 것과 다르다. 말하는 방법이 잘못되었다는 뜻이다.

상대방을 탓하고 시비를 거는 말투이거나 말 속에 혐오

나 빈정거림이 담겨 있을 수도 있다. 참기만 하고 말을 하지 않는 사람이나 잘못된 말로 상처를 주는 사람도 긍정적 대화 기술이 부족하다.

이처럼 긍정적 감도나 긍정적 대화 기술의 부족은 사랑이 금방 식어버리는 사람들의 특징이다.

'지금'에 집중하지 않기 때문에
귀찮아진다.

-

자신의 진짜 마음을 모르면
'무엇이 불만인지'조차 알 수 없다.

-

긍정적 감도가 낮으면
아무리 사랑받아도 행복하지 않다.

# 상대방이 가까이 다가오면
# 감정이 식어버린다

### ✦ 상대방을 사랑하기보다 소유하려는 마음

아직도 꽤 많은 남성이 연애를 '상대방을 소유하는 것'으로 착각한다. 어떤 여성들은 남자들이 원래 그런 것 아니냐고 말할지도 모른다. 이 말은 마치 '남자는 원래 그러니까 말해도 소용없다는 것'처럼 들리기도 한다.

물론 남성과 여성의 차이는 분명히 존재하지만, 일방적인 남성관이나 여성관에는 잘못된 편견이나 오해가 섞여 있다.

연애관계에서는 남성이든 여성이든 상관없이 '마음을 느끼는 감도'가 높으면 '서로 사랑하는 감도'도 높아진다.

뇌의 구조를 통해 이야기해보면, 소유라는 개념은 뇌간의 움직임에서 생겨난다. 뇌간은 생명을 유지하기 위한 기능인 수면욕, 식욕, 성욕과 같은 원시적 욕구를 담당한다.

'서로 사랑하는 감정'은 3장에서 말했듯이 대뇌변연계에서 발생하는 희로애락 등의 감정과 관련되어 있다.

일반적으로 남성은 자신의 감정을 억제하려 한다. 당연히 감정을 억누르면 억누를수록 '느끼는 감도'도 낮아진다. 그리고 감도가 낮아지면 긍정적 감정도 느낄 수 없게 된다. 사랑을 느끼는 감정이 억제되면 원시적 욕구, 본능적 욕구가 활발해진다.

지금 소개하는 한 30대 초반 남성의 이야기도 전형적인 예다. 그는 자신이 상대방에게 푹 빠져 있는 동안에는 가까이 다가가기 위해 노력하지만, 상대방이 자신에게 마음을 열기 시작하면 금방 감정이 식어버린다고 말한다.

"연애관계를 오래 유지하기 힘들어요. 보통 제가 먼저 고백해서 사귀기 시작하지만, 막상 사귀게 되면 다른 여자가 눈에 들어오거든요. 결국 제가 바람을 피우다 헤어지게 되는 경우가 대부분이에요. 솔직히 한 여자와 3년이나 5년씩

　　　　　　　사랑이 금방 식어버리는 당신

사귀는 사람은 어떻게 그럴 수 있는지 도저히 모르겠어요. 저도 그렇게 오랫동안 함께할 수 있는 운명적인 여자를 만날 수 있을까요?"

뇌간의 움직임이 활성화되면 소유욕도 커진다. '소유하고 독점하고 지배하는' 쾌감도 분명히 존재한다. 하지만 감정은 상대방을 자신의 것으로 만든 순간부터 급속히 식어버린다.

소유에서 얻는 쾌감과 '서로 사랑하는' 쾌감은 질적인 측면에서 전혀 다르다. '느끼는 감도'가 높으면 연애를 통해 헤아릴 수 없을 만큼의 긍정적 감정을 느낄 수 있다. 서로에 대한 신뢰일 수도 있고, 사랑하는 사람과 함께하는 데서 오는 편안함일 수도 있다. 자신이 믿고 의지할 수 있는 사람이 생겼다는 안정감도 클 것이다. 힘든 일이 생기더라도 '내게는 이 사람이 있어'라고 생각하면 마음이 든든해진다.


## ✦ 함께 있는 것이 번잡스럽다

이 남성은 '오래 함께할 수 있는 운명적인 여성'을 찾고 있지만, 그 바람이 이루어질지는 미지수다. 그는 자신이 여성들에게 인기가 있다고 믿고 있지만.

그에게 관심을 갖는 여성도 그와 마찬가지로 연애를 오래 못 하는 여성일 가능성이 크다. 그의 말과 행동 패턴이 오랫동안 함께할 수 있는 사람을 처음부터 피하고 있기 때문이다.

연애는 혼자서는 할 수 없다. 상대방에게도 그를 선택할지 말지에 대한 자유가 있다. 만약 그가 '이 사람이야말로 내 운명의 여자'라고 생각했더라도 상대방이 그를 선택하지 않을 수도 있다.

또 다른 이유는 그가 다른 사람과 함께 있는 것을 무의식적으로 '고통스럽게' 생각한다는 점이다. 오히려 그의 바람이 이루어지지 않는 진짜 이유는 자신 때문일지도 모른다.

서로 사랑하는 감정이 없으면 다른 사람과 함께 있어도 번잡스러울 뿐이다. 함께하는 시간이 즐겁기보다 괴롭기만 하다.

이 남성도 연애관계를 오래 유지하지 못하는 사람들의 전형적인 특징을 보인다.

'함께 있으면 상대방에게 맞춰주어야 하고 따라주어야

할지도 몰라.'

이런 생각 때문에 '마음의 자유'를 빼앗긴 것처럼 느낀다.

연인과 긍정적 관계를 맺고 오랫동안 함께하기 위해서는 반드시 '상대방의 자유를 인정'해야 한다. 이는 말로는 쉽지만 실제로 실천에 옮기려면 매우 어려운 기술이 필요하다. 많은 사람이 일반적 인간관계보다 연애관계를 더욱더 어렵게 느끼는 것도 당연하다.


## ✦ 대화가 사랑을 키운다

연애뿐만 아니라 가족처럼 밀착도가 높은 관계를 평화롭게 오래 유지하기 위해서는 서로가 편한 관계를 만들어야 한다. 말처럼 쉽지는 않지만 '서로 편한 관계' 만들기를 목표로 삼자. 이 목표를 이루기 위해서는 반드시 두 사람이 '대화하는 관계'가 되어야 한다.

서로 자신이 하고 싶은 일, 하고 싶지 않은 일을 말하지 않은 채 각자 하고 싶은 대로만 하면 싸우기만 한다.

두 사람 의견이 다른 것이 문제가 아니다. 서로 자신의 주장과 변명을 일방적으로 상대방에게 강요하기 때문에 싸움이 일어난다.

말을 잘하고 못하고는 상관없다. 서로 마주 앉아 고민하고 이야기를 나누며 마음이 연결되는 시간을 소중하게 여기는 사람을 선택하는 것이 중요하다.

싸우지 않고 대화로 풀어나가면 대부분의 문제는 해결된다. 인간은 본질적으로 상대방에게 상처를 주면서까지 자신의 방식을 강요하기보다는, '서로 이해하기'를 바라기 때문이다. 함께 시간을 보내거나 대화를 하면서 기쁨과 만족을 느끼고 마음이 충만해지기를 바란다. 이것이 바로 '사랑'이 아닐까.


상대방에게 자신의 기분이나 욕망을 말하면 충돌이 일어날지도 모른다고 생각하는 사람도 있다. 자신의 욕망을 참기만 하고 긍정적 대화를 통해 해결해본 경험이 부족한 사람이다.

연애뿐만 아니라 좋은 인간관계를 맺기 위해서는 '서로 편한 관계'를 만드는 것이 가장 기본이자 최선의 방법이다. 그러기 위해서는 가장 먼저 상대방의 자유를 인정해야 하며, 서로의 자유를 받아들이기 위한 '대화'가 필요하다.

## 좋은 인간관계를 맺기 위해서는 '서로 편한 관계' 구축이 필요하다

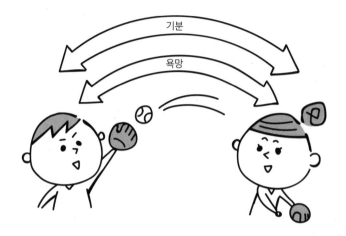

대화하는 관계가 되기 위해서는 캐치볼처럼 '대화를 주고받는' 기술도 필요하다.

서로에게 의지한 채 상대방 이야기에 귀를 기울이면서 그 시간을 기쁨과 만족으로 채우는 것이야말로 자유롭고 행복한 관계를 유지할 수 있는 최고의 방법이다.

'서로 사랑하는 감정'을 느끼지 못하면
함께 있는 것이 고통스럽다.

-

서로를 이해하며 마음이 충만해지는 것 = 사랑

-

'서로 편한 관계'를 맺기 위해
자유를 인정하는 '대화'가 필요하다.

사랑이 금방 식어버리는 당신

## 5장

# 인간관계가 오래가지 않는 당신

# 서로 잘 통한다고
# 생각했는데……

## ✦ '특별했던 나'와 '진짜 나'

많은 사람이 한 번쯤 이런 경험을 한다.

"처음 만났을 때부터 이야기도 잘 통하고 마음이 잘 맞던 사람이었는데, 막상 친해지고 나니 오히려 불편한 사이가 되어버렸어요."

"모이면 시간 가는 줄 모르고 즐겁게 이야기하던 모임이 있었는데, 몇 번 만나다가 금방 모임이 깨졌어요."

이해하기 어려울지도 모르지만, 충분히 있을 수 있는 일이다. 첫 만남에서 너무나 이야기가 잘 통한 나머지 마음이 들떠서 즐거운 시간을 보내고 나면, 다음 만남도 마냥 즐거울 것 같지만 사실 그렇지 않다.

'저번처럼 즐거운 시간을 만들어야 할 텐데.'

'처음 봤을 때처럼 밝고 쾌활한 모습을 보여야만 해.'

지난번과 똑같은 모습을 보여주어야 한다는 생각에 부담이 앞서기 때문이다.

처음 만났던 때 보여주었던 모습이 진짜 자신의 모습이 아니었다면? 어쩌다 보니 평소보다 훨씬 즐거운 시간을 보냈지만 그것은 일상적 모습이 아닐 수도 있다. 그날은 자신에게도 '특별한 시간'이었고, 그날의 나는 '특별한 자신'이었을지도 모른다.

평소에는 그렇게 밝지도, 쾌활하지도 않을뿐더러 언제나 웃고만 있지도 않다. 스스로 '나는 원래 내성적이고, 진중한 사람이야'라고 생각할 수도 있다.

그런데 어쩌면 다른 사람도 똑같은 걱정을 하고 있지 않을까?

'그날과 다른 내 모습을 보여주면 다들 실망하고 분위기도 엉망이 될 거야.'

인간관계가 오래가지 않는 당신

## 가짜 나를 연기하면 스스로 괴로워진다

서로의 생각을 알지 못한 채로 첫인상만 재현하려고 하면, 그 자리에 있던 모두가 첫 만남과 똑같은 분위기를 만들어야 한다는 부담을 느낀다. 물론 원래 밝고 쾌활한 사람인 척해서 만남을 이어가는 것도 가능하다.

그 모습은 '진짜' 내가 아니다. 관계를 유지하기 위해 진짜 나와 다른 가짜 나를 연기해야 한다면, 그 관계는 시간이 갈수록 괴로워질 뿐이다.


## ✦ 잘 어울리는 사람이 되고 싶은 마음 때문에

관계를 유지하기 위해 가짜 나를 연기하는 일이 일반적이지 않다고 생각할지도 모른다. 하지만 분위기를 맞추고 함께 어울리기 위해 노력하다 보면 자신의 '진짜 모습'을 보이기 어렵다.

누구나 다른 사람에게 잘 보이고 싶고, 어울리고 싶은 사람이 되고 싶기 때문이다.

인간관계를 오래 유지하지 못하는 사람은 오히려 과도하게 다른 사람을 의식한 나머지 주변 분위기에 맞춰 행동하거나, 분위기를 깨트리지 않기 위해 자신의 진짜 모습을 보여주지 못한다.

　이런 상태에서 벗어나기 위해서는 역설적 발상이 필요하다. 스스로 '오래가지 못하면 어때'라고 되뇌어 보는 것도 매우 효과적이다.

　인간관계를 유지하지 못하는 사람들은 '나는 인간관계에 서투른 사람'이라고 생각한다. 그런데 이 생각은 틀렸다. 인간관계가 오래가지 못하는 이유는 서투름 때문이 아니다.

## ✦ 억지로 맞추거나 참지 말자

인간관계가 '오래갈지 안 갈지'를 지나치게 신경 쓰면 타인 중심 사고방식에 빠진다. 다시 한번 강조하지만, 타인을 중심에 두면 남의 말과 행동에 자신을 맞추기 위해 애쓴다.

　그 결과, 계속 참기만 하거나 자신의 마음을 소홀히 여기게 될 뿐만 아니라 다른 사람의 말만 믿고 유언비어에 속아 이용당하거나 배신당하기도 한다. 본능적으로 '이상하다'고 느껴도 자기 자신에 대한 신뢰가 없기에 타인의 말에 쉽게 현혹되기 때문이다.

　설령 상대방을 믿지 않더라도 '자신을 지키는' 방법을 모르면 상대방을 탓하기만 할 뿐, 스스로 판단하고 행동할 수 없다.

인간관계를 오래 유지해야 한다는 생각이 오히려 역효과를 낳는다면, 차라리 '오래가지 못하면 어때'라고 생각해보는 것은 어떨까. 적어도 마음만은 훨씬 가벼워지지 않을까.

어쩌면 진짜 나다운 모습을 보여줌으로써 새로운 관계가 시작될지도 모른다.

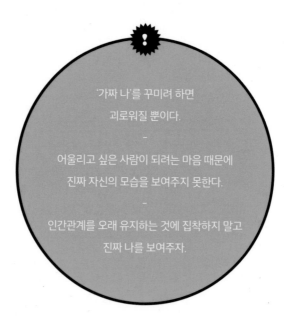

'가짜 나'를 꾸미려 하면
괴로워질 뿐이다.
-
어울리고 싶은 사람이 되려는 마음 때문에
진짜 자신의 모습을 보여주지 못한다.
-
인간관계를 오래 유지하는 것에 집착하지 말고
진짜 나를 보여주자.

인간관계가 오래가지 않는 당신

# 시간이 갈수록
# 관계가 나빠진다

## ✦ 자신을 인정하고 상대방을 받아들이자

좋은 인간관계를 유지하기 위해서는 '나를 인정하고 상대방을 받아들여야' 한다. '서로 동의'하고 '함께 확인'하는 일은 기본 중의 기본이다.

인간관계에서 문제가 발생하는 이유는 이런 기본이 지켜지지 않기 때문이다. 기본만 지켜도 대부분의 문제는 해결된다.

직장에서의 인간관계가 시간이 갈수록 나빠져서 고민이라는 한 30대 후반 여성의 이야기를 들어보자.

"처음에는 직장 사람들과 친해지고 싶었어요. 하지만 업무를 하다가 말이 안 통하는 일이 잦아지면서 제가 먼저 거리를 두려고 노력하다 보니 시간이 갈수록 상사나 동료들의 싫은 점만 눈에 보이더라고요.

그러다가 결국 왠지 저만 혼자 겉도는 것 같은 기분이 들고 불편해져서 회사를 그만둘 수밖에 없었어요. 그런데 회사를 몇 번이나 옮겨도 항상 마찬가지예요. 계속 이런 일이 반복되니까 회사가 나와 안 맞았던 것이 아니라 끝까지 버티지 못한 내가 잘못된 건가 싶어서 자책하게 돼요."


말이 통하지 않았다는 것은 이야기의 핵심을 이해하지 못했거나 파악할 수 없었다는 말일 수도 있고, '함께 확인'하는 과정이 부족했다는 말일 수도 있다. '함께 확인'하는 과정은 대화를 나눌 때 이야기의 핵심을 이해하기 위해 반드시 필요하다.

그녀가 말한 '말이 안 통하는 일'을 더 자세히 살펴보자.

"이 일은 언제쯤 끝날까요?"

동료가 그녀에게 물었다. 업무 순서상 그녀가 일을 끝내야만 다음 업무로 넘어갈 수 있었기 때문이다. 일정을 짜려면 일이 끝나는 정확한 날짜가 필요했다.

그런데 질문의 진짜 의도를 파악하지 못한 그녀는 상대방이 자신의 일정에 맞춰줄 것이라고만 생각했다.

"20일이나 21일 정도에는 끝날 것 같아요."

"정확한 날짜는 언제쯤 알 수 있을까요?"

"그건 당일이 되어봐야 알 수 있을 것 같은데요."

동료가 확실한 날짜를 알기 위해 재차 물었지만, 그녀는 여전히 확실하게 답하지 않았다.


## ✦ 다른 사람을 신경 쓰면 오히려 역효과

자신과 동료의 업무가 연관되어 있으면 반드시 서로 확인하며 일 처리를 해야 한다. 그녀는 상대방이 어떤 상황인지 확인하지 않고 자기 위주로만 생각했다. 일부러 의도한 것은 아니지만, 상대방을 아무런 감정 없이 동전만 넣으면 물건을 내주는 자판기쯤으로 여기고 서로 이해하려 하지 않았다.

타인중심으로 생각하는 사람은 항상 주변의 눈치를 보며 이렇게 다짐한다.

'내가 잘해야지.'

'미움받지 않게 열심히 해야지.'

'문제가 생기지 않게 노력해야지.'

그런데도 상대방의 상황을 생각하거나 이해하는 능력은 떨어진다.


당신이 바다에 빠졌다고 상상해보자. 구조대원이 당신을 구하기 위해 바다에 뛰어들었다.

당신은 물에 빠지지 않으려고 구조대원의 팔을 붙잡았다. 팔을 붙잡고 의지하면 그 순간은 안심이 될지도 모른다. 하지만 당신에게 팔을 잡힌 구조대원이 수영할 수 없게 되기 때문에 두 사람 모두 바다에 빠져버릴 위험이 있다.

자기 위주로 일방통행적인 생각밖에 하지 못하는 사람은 자신이 구조대원의 팔을 잡으면 어떻게 될지 예측하고 판단하는 것이 불가능하다.


타인중심 사고방식을 가지고 있는 사람은 타인이나 주변 환경을 지나치게 신경 쓴다. 타인과 다른 행동을 하면 불안해져서 항상 똑같이 행동하려 노력하고, 외톨이가 될지도 모른다는 두려움 때문에 똑같은 행동을 해야만 안도감을 느낀다.

마음속은 불안, 초조, 공포로 가득 차 있고, 머릿속은 언제나 다른 사람을 신경 쓰기 바쁘다. 그러다 보니 당장 눈앞에서 일어나는 일을 파악하지 못할 뿐만 아니라 대처 능력도 부족하다.


## ✦ 인간관계를 망치는 결정적 원인

그때그때 상황에 맞는 대처도 중요하지만, 인간관계를 유지하기 위해서는 상대방을 배려하고 공감하는 마음을 바탕으로 상대방의 입장을 '느끼는' 능력이 필요하다.

혹시 당신도 이런 적은 없었는지 돌이켜보자. 친구와 만날 약속을 했는데 갑자기 만나기 싫어져서 친구의 상황은 전혀 고려하지 않은 채 약속을 취소해버린 경험이 있는가?

나는 별로 갖고 싶지 않은 물건이었지만 예약하지 않으면 살 수 없을 정도로 인기가 많고, 다들 사니까 괜히 사야 할 것만 같아서 구매 예약한 적은? '필요 없으면 나중에 취소하지 뭐'라는 가벼운 마음으로.

예를 들어, A와 먼저 만나기로 약속했는데 B에게 연락이 왔다. 그래서 A 대신 B와 만나기 위해 A와의 약속을 취소한 경험은 없는가?

이럴 때 자기 위주의 일방적인 생각밖에 하지 못하는 사람은 자신의 행동이 상대방에게 폐를 끼칠 수도 있다는 데까지 생각이 미치지 못한다. 어쩌면 그날, 상대방은 당신을 위해 특별한 이벤트나 선물을 준비했을지도 모른다.

자신의 일방적 행동이 인간관계를 단절시키는 결정적 원인이 되기도 한다.

## ✦ 대화, 서로의 생각을 확인하는 과정

누구나 인간관계에서 말이 잘 통하지 않거나 마음이 맞지 않아 힘들었던 적이 한 번쯤은 있을 것이다. 그럴 때는 서로 대화를 통해 풀어보자.

'나의 자유'가 소중한 것처럼 '상대방의 자유'도 소중하다. 상대방의 자유를 존중하려면 대화를 통해 소통하고 서로 확인하는 과정이 필요하다.

"이건 어떻게 할까요?"

"이렇게 해도 괜찮을까요?"

"이 날짜로 하려 하는데 시간 괜찮으세요?"

"저는 이렇게 이해했는데, 혹시 틀린 부분 있을까요?"

"이 방법으로 해도 될까요?"

"저는 이렇게 생각하는데 어떠세요?"

"이렇게 하려고 하는데 어떻게 생각하세요?"

"이렇게 진행하려 하는데 의견 있으시면 말씀해주세요."


원활한 소통을 위해서는 이처럼 여러 번 물어보면서 확인해야 한다. 상대방이 말한 내용을 정리해 전달하면서 구체적인 의견을 주고받아야 한다.

업무뿐만 아니라 함께 식사하거나 외출을 하면서 대화할 때도 '서로 확인'하기 위한 대화를 귀찮게 여겨서는 안된다.

일방적으로 생각하면 오해가 생기거나, 실수가 늘어난다. 이를 사전에 방지하기 위해서라도 확인한 다음, 동의를 구해야 한다. '동의와 이해를 얻는 과정'을 중요시하는 것만으로도 인간관계에서 생기는 여러 문제를 해결할 수 있다.

타인을 지나치게 의식하면서도
상대방의 입장은 고려하지 않는다.
-
일방적인 생각을 강요하지 말고 '서로 확인'해야 한다.
-
어떤 일이든 '동의와 이해를 얻는 과정'이
중요함을 잊지 말자.

　　　　　　　　　　　　　　인간관계가 오래가지 않는 당신

# 인간관계가
소멸하는 원인

## ✦ 모든 사람과 사이좋게 지내려고 하지 말 것

누구나 이런 생각을 한다.

'모든 사람과 친해져야지.'

'회사 직원 누구와도 잘 지낼 수 있게 노력해야지.'

그러나 '모든 사람과', '누구와도' 잘 지내겠다는 생각은 인간관계를 어렵게 만드는 발단이다. 모든 사람과 사이좋게 지내겠다고 생각하는 순간, 타인중심 사고방식에 빠져 자신의 마음을 무시할 수밖에 없다.

자신의 마음을 무시하면 싫어하는 사람과도 잘 지내려 애쓰게 된다. 어떤 사람은 자신의 마음을 무시한 채 스스로

'나는 사교성이 좋아'라며 착각하기도 한다.

한 20대 후반 남성은 이런 고민을 털어놓았다.

"저는 계절별로 참가하는 모임이 따로 있어요. 사교성이 좋은 편이라 누구와도 쉽게 친해지거든요. 그런데 이유는 모르겠지만 단짝친구라고 부를 만큼 오래된 친구는 한 명도 없어요. 한동안 매주 만나다가도 갑자기 귀찮아진달까, 질려서 만나기 싫어지더라고요. 그러다가 결국 자연스럽게 연락도 없어지고. 이런 관계가 계속 되풀이되고 있어요. 돈을 빌린 것도 아니고 말실수를 한 것도 아닌데 도대체 왜 이렇게 되는 건지 정말 모르겠어요."

이 남성의 고민은 자신의 마음을 무시하는 사람의 전형적 모습이다. 스스로 '사교성이 좋다'고 생각하지만 실제로는 인간관계가 오래가지 못한다. 사실 이런 사람은 관계를 오래 유지할 자신이 없기 때문에 무의식적으로 스스로 관계를 끝내려 한다.

바로 잠재의식과 무의식의 차이다. 무의식은 자신의 진짜 마음을 그대로 보여준다. 그는 스스로 생각하는 것만큼

인간관계가 오래가지 않는 당신

사교성이 좋지 않다. 오히려 다른 사람과 어떻게 지내야 할지를 잘 모르는 사람에 가깝다.

만남이 귀찮아지거나 불편해지는 것은 자신이 하고 싶지 않은데 억지로 하고 있다는 증거다. 오로지 그의 무의식만이 진실을 알고 있다. 결국 더는 억지로 할 수 없는 한계에 도달하면, 관계를 끝내기 위한 말과 행동이 무의식적으로 튀어나온다.

## ✦ 진짜 마음을 무시하면 거리 두기에 실패한다

제멋대로 구는 것처럼 보일 수도 있는 그의 행동을 좋게 생각하는 사람도 있을 수 있다. 많은 사람과 어울려 거나하게 술을 마시고 유쾌한 시간을 보내는 모습이 남자답게 보일지도 모른다.

사람들은 그와 더 가까워지기 위해 노력하지만 대부분 성공하지 못한다. 그리고 그와 친해지지 못한 이유를 이렇게 생각한다.

'워낙에 자유분방한 사람이니까 한곳에 묶여 있기 싫은 거야.'

하지만 정말 그럴까?

자기 자신의 진짜 마음을 느끼지 못하면 매일같이 사람들과 어울려 술을 마시고 돈을 물 쓰듯 하며 극단적인 행동을 하기 쉽다.

이런 생활을 지속하다 보면 몸은 버티질 못하겠지만, 사람들과의 거리는 순식간에 가까워질 수밖에. 그러다가 문득 지나치게 가까워진 거리감이 부담스럽게 느껴지면 다시 거리를 두기 위해 극단적인 행동을 하게 된다.

제삼자에게는 그의 행동이 그저 호쾌하고 자유분방하게 보일 수 있다. 그러나 실상은 자신의 마음을 알지 못해 적당한 거리 두기에 실패한 사람의 행동에 불과하다.


## ✦ 내 마음을 거칠게 다루지 말자

어째서 그는 극단적 행동을 되풀이하는 걸까? 그 이유는 앞서 말했듯이 자신의 진짜 마음을 느끼지 못하기 때문이다. 절대 바람직하지 않은 상황이다.

마치 맞아도 통증을 느끼지 못하고, 심한 상처를 입어도 아무렇지도 않은 듯 최악의 상황을 억지로 웃으며 버티는 것과 같다. 자신의 마음을 거칠게 다루고 있다는 증거기도 하다.

우리말 중에 '아픈 만큼 성숙한다'는 말이 있다. 보통 시련을 견뎌낸 만큼 강인해진다는 좋은 의미로 쓰이지만, 다르게 생각해보면 이 말은 자신의 진짜 마음을 알지 못하기에 가능한 말이다.

자기 마음의 통증을 느끼지 못하면 폭언이나 폭행을 당해도 대수롭지 않게 생각한다. 자신의 마음에 둔감하면 대부분의 사람이 무섭고 위험하다며 가기 주저하는 길에 스스로 들어선다. 천 길 낭떠러지 끝에서 자칫하면 떨어질지도 모르는 아슬아슬한 순간이 되어서야 뒤늦게 자신의 마음을 알아차린다. 이 때늦은 '아슬아슬함'이 갑작스럽게 인간관계를 끊어내는 원인이 된다.

아픈 만큼 성숙해진다고 믿는 사람은 다른 사람들도 마땅히 아픈 만큼 성숙할 것이라 믿는다. 그래서 자신의 마음을 다루듯 다른 사람들도 똑같이 거칠게 대한다. 처음에 그를 '즐거운 사람'으로 생각했던 사람마저도 그에게 상처를 입고 떠나는 것은 당연한 일이다.

"어차피 내 이야기는 통하지 않으니까 말해도 소용없어."

상대방이 아무리 '너 때문에 상처받았어'라고 말한들 그에게는 대수롭지 않은 일이다.

자신의 마음이 느끼는 통증에 무심하거나 둔감하면, 다른 사람들도 당신의 곁을 떠난다.

인간관계의 한계에 도달하면
무의식적으로 관계를 끝내려 한다.

－

자기 마음을 알지 못하면
다른 사람과의 거리 두기에 실패한다.

－

마음이 느끼는 통증에 민감해지자.

인간관계가 오래가지 않는 당신

# 연락하기를 귀찮아하는
# 사람의 심리

## ✦ 귀찮음은 '완벽주의' 때문

항상 친구들에게 미움을 받아서 친구관계가 유지되지 못한
다는 20대 후반 여성이 있다.

"학창 시절 친구들과는 거의 연락이 끊겼어요. 이메일
이나 SNS가 너무 귀찮아서 답장을 잘 못 했거든요. 오랫동
안 답장을 안 하다 보니 막상 답장하려고 생각해도 '이제 와
서 답장해도 괜찮을까'라는 생각에 쓰다가 지운 적도 많아
요. 학창 시절에는 그래도 꼭 필요한 경우에는 연락했는데,
직장생활을 시작한 후에는 더욱더 연락을 안 하게 되더라
고요. 그나마 가끔 연락을 주고받던 친구도 '이제 와서 무슨

연락이야'라는 생각 때문에 안 한 지 꽤 되었어요. 평소에는 그래도 괜찮은데, 종종 어디 놀러 가거나 술을 마시고 싶을 때 함께할 친구가 없어요. 자업자득이라는 생각은 들지만 그래도 외로워요."

이 여성은 자신에게 엄격한 사람이다.

'이메일이나 SNS가 귀찮아서 답장을 잘 못 해요'라는 말은 누가 읽어도 완벽한 문장, 어디 하나 흠잡을 데 없는 문장, 반론할 수 없는 문장을 써야 한다는 무의식에서 비롯한 말이다.

역설적으로 들리겠지만, 완벽주의를 추구하는 사람일수록 메일을 받으면 바로 답장해야 한다고 생각한다.

친구가 고민을 털어놓으면 '굉장해! 역시 너에게 상담하길 잘했어'라는 말을 들을 만한 답장을 해야만 직성이 풀린다. 자신이 다른 사람보다 우월하다는 것을 보여주고 싶은 마음 때문에 무리해서 허세를 부리기도 한다.

## ✦ 자신에게 엄격한 사람의 인간관계

반드시 상대방이 마음에 들어 하고 감탄할 만한 문장을 써야만 한다고 생각하면 답장이 어려워지는 것도 당연하다. 부담감 때문에 답장하기까지 시간이 한참 걸리고 결국에는 답장을 하지 못할 수도 있다.

이렇게 현실의 나를 '이상적인 나의 모습'에 맞추려고 하면 괴로워질 뿐이다. 게다가 그 '이상적인 모습'은 자신이 추구하는 모습이 아닌 다른 사람이 자신을 어떻게 볼지가 기준이기 때문에 더욱더 마음이 무거워질 수밖에 없다.

이상적 모습을 추구하면 할수록 스스로 점점 더 엄격해진다.

'절대 실패하면 안 돼. 실수해서도 안 돼. 완벽해야만 해.'

일상생활에서도 자신을 가혹하리만치 닦달하고, 어떤 일을 시작할 때는 '완벽하게 성공'하리라는 자신이 없으면 시도조차 하지 않는다. 그래서 결국 아무것도 하지 않은 채 끝나버린다.

자신에게 완벽을 강요하는 사람은 주변 사람들에게도 엄격해지기 쉽다.

타인에게까지 완벽함을 요구하면 자신의 실수도 절대

이상적인 자신의 모습

힘들어

용납할 수 없게 된다.

"왜 나한테만 그래? 너도 실수하잖아."

타인에게 아무리 엄격해도 이런 지적을 받으면 오히려 긁어 부스럼이 될 뿐이다.

더욱더 이런 생각에 빠진다.

'실패하지 않기 위해서는 애초에 시작하지 않는 것이 안전하다. 스스로 움직이지 않고 다른 사람에게 시키면 된다. 그러면 실패할 일이 없다.'

자신은 절대 움직이지 않으면서 상대방의 자유를 제한하고 간섭하며, 명령하는 인간이 되어버린다. 어머니들이 자신이 하고 싶은 일, 바라는 일을 자식에게 강요하는 것과 마찬가지다.

이처럼 자신에게 엄격한 사람은 주변 사람들에게도 엄격해지고 결국 삶이 고달파진다. 대부분의 사람이 그렇듯 그녀도 자신이 엄격하다는 사실을 아직 깨닫지 못했을 것이다. 그러므로 인간관계를 오래 유지하지 못하는 사람은 먼저 '자신에게 관대해지기'부터 시작해보자.


## ✦ 내 마음을 솔직하게 전달하는 기술

지금까지 예로 들었던 타인중심 사고방식에 빠진 사람들에게 공통으로 나타나는 모습은 '자신의 마음에 솔직하지 못하다'는 점이다. 당연하지만 그들은 자신의 마음을 솔직하게 전달하는 기술이 부족하다.

앞에서 예로 들었던 여성의 경우를 살펴보자.

'이번 주에는 일이 너무 바빠서 답장이 늦어질 수도 있을 것 같아. 그래도 괜찮으면 언제든지 연락해.'

이렇게 자신의 현재 상태를 솔직하게 전달했다면 어땠을까. 어떻게 답장해야 좋을지 망설여진다면 그대로 '뭐라고 말해야 좋을지 모르겠어'라고 솔직하게 말하면 그만이다.

'아직 어떻게 해야 할지 잘 모르겠어. 조금 더 시간을 주면 생각해볼게.'

제대로 된 답장을 해야 하는 경우라면 이렇게 말하고 천천히 생각할 수도 있다. 오랫동안 답장을 하지 못했더라도 자신의 마음을 솔직하게 쓰면 된다.

'이제 와서 답장을 해도 될지 모르겠지만, 그래도 답장을 해야 할 것 같아서 연락했어.'

'사과'는 모든 사람이 솔직하게 하기 어려운 일이다. 타인중심 사고방식으로 다른 사람들과 끊임없이 경쟁하거나 타인을 불신하던 사람일수록 '솔직하게 사과하기'를 힘들어한다.

그러나 자신이 실수하거나 상대방에게 상처를 줬다는 생각이 들면, 가능한 한 빨리 사과해야 문제가 쉽게 해결된다. 서로 이해하고 용서하는 일은 단 한 번으로 끝나지 않는다. 계속 함께 이해해야 함을 반드시 염두에 두자.

이렇게 대화할 수 있는 상대야말로 신뢰할 수 있는 사람이다. 어떤 사람과의 사이에서 문제가 발생하면 오히려 기회라고 생각하자. 함께 문제를 해결하기 위해 노력하면서 이 사람이 '서로 신뢰할 수 있는 사람'인지, 아니면 그런 관계를 구축할 수 있는 사람인지 판단할 수 있다.

완벽을 추구하기 때문에
답장이 귀찮아진다.

-

자신에게도 다른 사람에게도 관대해지자.

-

자신의 마음을
솔직하게 전달하자.

인간관계가 오래가지 않는 당신

## 6장

무엇이든

꾸준히

하고 싶은 당신

# '꾸준함'에
# 집착하지 말자

### ✦ 매일매일 작심삼일

지금까지 설명했듯이, 중간에 그만두는 것은 절대 나쁜 일이
아니다. 오히려 '그만두기'는 꾸준함을 유지하는 비결이다.

시간은 누구에게나 공평하다. 하루는 24시간이다. 오늘
하루 24시간 이내에 끝내지 못하면 내일 이어서 하면 된다.

'꾸준함'이란 한 가지 일을 다음 날에도 하고, 그다음 날
에도 계속하는 것이다. 이를 바꾸어 말하면, '매일 중간에 그
만두기'의 연속이라고도 할 수 있다.

다음 날, 그다음 날에도 계속하고 싶다는 긍정적 욕구가

계속되면 억지로 강요하지 않아도 꾸준히 무언가를 할 수 있다. 꾸준함을 유지하기 위해서는 긍정적 욕구를 오랫동안 간직하거나, 욕구가 샘솟는 상황과 환경을 만들어야 한다. 말처럼 쉽지 않다. '꾸준히 해야지'라고 아무리 머릿속으로 다짐해도 어려운 일이다.

꾸준함에 집착하면 할수록 스스로 다그치게 되기 때문에 오히려 금방 그만두게 된다. 꾸준함을 유지하는 가장 효과적인 방법은 무엇일까?

## ✦ 조금씩 부정적 생각 버리기

가장 빠른 방법은 마음속 깊은 곳에 있는 부정적 생각을 조금씩 버리는 것이다.

여러 부정적 생각 중에서도 가장 대표적인 것은 바로 '경쟁의식'이다. 대부분의 사람이 일상에서 끊임없이 경쟁하며 살아간다. 아니라고 생각하는 사람도 있겠지만 스스로 깨닫지 못하고 있을 뿐이다.

현대사회는 경쟁사회이기에 우리는 매일같이 서로 비교하고 경쟁한다. 반면, 정보기술이 발달하면서 '느끼는' 감각

무엇이든 꾸준히 하고 싶은 당신

은 점차 퇴화하고 있다. 누가 얼마나 빨리 더 많은 정보를 차지하느냐가 중요해지면서 경쟁은 더욱 심해지고 느낌은 둔화하고 있다.

### ✦ 자신을 옭아매는 경쟁의식

어쩌면 당신은 어떤 일을 끝까지 하기 위해서는 경쟁이 필요하다고 생각할지도 모른다. 물론 경쟁을 통해 실력을 쌓는 것이 꾸준함을 유지하는 하나의 방법일 수도 있다.

　그러나 경쟁에 집착한 나머지 '승리'만을 목표로 삼으면 승부 결과에 따라 일희일비하게 된다. 꾸준함은커녕 경쟁만으로 지쳐 쓰러지고, 경쟁에서 패배하면 의욕도 없어진다. 이뿐만이 아니다.

경쟁 때문에 감정과 오감을 느끼는 감각이 둔해지면 꾸준함의 원천인 '하고 싶다'는 욕구가 사라진다. 이렇게 경쟁은 순기능보다 더 많은 역기능을 가져온다.


더욱 중요한 점은 다른 사람과의 경쟁의식이 자신에게도 똑같이 적용된다는 점이다. 즉, 타인과의 경쟁은 '자기 자신과의 경쟁'과 같은 의미다.

우월하게 보이고 싶다, 바보 취급당하고 싶지 않다, 지고 싶지 않다는 생각은 결국 자신과 경쟁해야 한다는 말과 마찬가지다.

'어중간하면 안 돼'라는 생각도 다른 사람을 의식하기 때문에 생긴다. 이도 저도 아닌 상태에서 중간에 그만두면 다른 사람들이 나를 어떻게 생각할지 신경 쓰이기 때문이다. '끝까지 해내야만 해'라는 생각은 또 어떤가? 이 생각은 다른 사람의 시선을 의식했기 때문이며, 동시에 스스로에 대한 강요기도 하다.

'중간에 그만두면 안 돼'라며 타인과 자신을 닦달하면 오히려 금방 그만두고 싶어진다.


## ✦ 남에게 인정받아도 되돌아오지 않는 자신감

자신과 경쟁하는 사람은 어떤 상황도 긍정적으로 받아들이지 못한다. 스스로 인정하지 못하기 때문에 자기 자신을 제대로 들여다볼 수 없다. 자신의 단점이나 부족한 점을 인정할 수 없는 나머지, 자신에게 거짓말을 하거나 허세를 부리기도 한다.

'어떤 나라도 괜찮아.'

'난 내가 좋아.'


심지어 다른 사람에게 칭찬을 받아도, 자신에 대한 부정적인 생각 때문에 매사에 자신감이 없다.

자신감이 없는 사람은 다른 사람을 부정하고 헐뜯음으로써 자신의 우월함을 증명하려 한다. 이런 식으로 다른 사람에게 이긴다 한들 자신에 대해 긍정적으로 생각할 수 있을까? 부정적인 생각은 쉽게 변하지 않을 뿐만 아니라 '자신과의 경쟁'도 멈출 수 없게 한다.

　자기 자신의 모습을 받아들이지 않는 한, 아무리 경쟁에서 이겨도 스스로에 대한 불안과 두려움에서 벗어날 수 없다.

꾸준함 = 매일 도중에 그만두기

-

다른 사람과의 경쟁의식이
'어중간하면 안 돼'라는 생각으로 이어진다.

-

자신과의 경쟁을 그만두고
자기 자신의 모습을 받아들이자.

# 자신과
# 그만 싸워라

## ✦ 자신과 경쟁하는 사람들

생각보다 많은 사람이 자신에게 지나치게 엄격하다. 당신
은 자기 자신을 어떻게 평가하고 있는가?

'잘하고 있어. 열심히 하고 있어'라며 스스로 칭찬한 적이
있는가?

자신과 경쟁하는 사람은 절대 자신을 칭찬하지 않는다.
아무리 열심히 노력해도 '좀 더, 좀 더'라며 다그치고 닦달하
며 끝임없이 스스로 깎아내린다.

아주 사소한 실수 하나에도 자기 자신을 부정하고 바보

## 항상 자기 자신과 싸우면……

## 자신을 인정할 수 없게 된다

무엇이든 꾸준히 하고 싶은 당신

취급하며 거친 말로 매도할 것이 뻔하다. 이렇게 하면 할수록 어떤 일도 끝까지 해낼 수 없다. '진짜 나의 모습'을 원수처럼 취급하면 절대 자기 자신과의 경쟁에서 이길 수 없다.

원수 같은 나에게 '잘하고 있어, 이걸로 충분해'라며 격려의 말을 건넬 리도 만무하다. 자신과 경쟁하는 사람들은 자신에게 엄격하기 때문에 칭찬보다 질타에 익숙하다. 애초에 칭찬해야 한다는 생각조차 해본 적 없을지도 모른다.

아무리 노력해도 칭찬받지 못한다면, 도대체 무엇을 위해 열심히 해야 하는 걸까? 처음부터 끝까지 자신의 진짜 모습을 인정하지 않고 자신에게 엄격하게만 대하면 당연히 어떤 일도 꾸준히 할 수 없다.


자기 자신에게 질타나 자책 대신 칭찬을 해보자.

"참 잘하고 있어. 너무 열심히 하지 않아도 괜찮아. 네가 할 수 있는 만큼 천천히 하면 돼."

"조금씩 나아지고 있어! 훌륭해!"

"오늘은 피곤하니까 이쯤에서 그만하자."

"오늘은 할 기분이 아니니까 내일 해야지."

자신에게 칭찬과 격려를 건넬 수 있는 내가 되어야 무슨 일이든 끝까지 할 수 있다.

## ✦ '자기평가'가 낮으면 힘든 선택을 한다

자신에게 엄격한 사람은 일부러 '힘든 인생'을 선택한다. 편하게 목표를 달성할 방법이 있어도 선택하지 않는다. 경쟁에 지나치게 익숙해져버린 나머지, 마치 실패하기를 바라는 사람처럼 힘들고 어려운 길만 고른다.

자신에게 엄격한 사람에게 쉬운 방법은 미심쩍어 보이기 때문이다. 이상하게도 어려운 방법을 선택해서 고생해야 오히려 마음이 편하다.

고생하며 노력해도 좀처럼 자신에게 합격점을 주지는 않는다. 객관적으로 뛰어난 사람인데도 불구하고 현저히 낮게 '자기평가'를 해 스스로 힘들게 한다.

## ✦ 긍정적 감도를 높이면 자기평가도 높아진다

그럼 어떻게 '자기평가'를 높일 수 있을까? 방법을 찾기 위해서는 우선 자기평가가 무엇인지부터 이해해야 한다. '자기평가'는 '실감'과 같다.

지금 '긍정적 기분'을 실감하면 바로 '자기긍정감'이 높은
상태다. 반대로 지금 '부정적 기분'을 실감하면 '자기부정감'
이 높다고 할 수 있다.

말과 생각만으로는 자기긍정감을 높일 수 없다. 다른 사
람에게 인정받는다고 해서 높아지는 것도 아니다. 자기긍
정감은 스스로 '느끼는 것'이기 때문이다.


'긍정적 실감' 감도가 높은 A, 부정적인 일에는 민감하게
반응하지만 '긍정적 실감' 감도는 낮은 B가 있다고 가정해
보자.

A와 B가 똑같은 일에 도전하여 성공을 거두었을 때, 두
사람은 어떤 반응을 보일까? A는 솔직하게 '야호! 성공이
다!'라며 만족하고 기뻐한다. 반면, B는 '이 정도로 만족하면
안 돼'라고 생각하는 것도 모자라 다른 사람과 비교하며 '더
열심히 하지 않으면 저 사람처럼 될 수 없어'라며 스스로 다
그칠지도 모른다.

이때 B가 느끼는 것이 바로 '자기부정감'이다. 일상생활
에서 긍정적 실감과 부정적 실감 중 어느 쪽을 더 많이 느끼

느냐에 따라 자기평가가 달라진다.

## ✦ 마음에 따라 선택의 결과는 다르다

긍정적 실감이 높아지면 긍정적으로 생각하고 행동하게 되기 때문에 긍정적 선택도 함께 늘어난다. 따라서 어떤 일을 하든 성공할 확률도 높아진다.

반대로 부정적 실감이 높으면 부정적으로 생각하고 부정적 선택을 하게 될 가능성이 높아지므로, 실패할 확률이 높아진다.

이처럼 우리의 모든 생각과 행동은 연결되어 있다.

'긍정적 실감' 감도가 높은 사람은 좋고 싫음이 분명하고 하고 싶은 일과 하고 싶지 않은 일을 확실하게 구별하기 때문에 자신의 마음에 따른 선택을 할 수 있다. '좋음, 즐거움, 재미'와 같은 긍정적 마음은 꾸준함을 유지하기 위해 꼭 필요한 요소다. 좋아하는 마음이 있어야 스스로 선택한 일을 의욕적으로 할 수 있다.

부정적 감도가 높은 사람은 긍정적 감도를 키우기 어렵

다. 심지어 지금 하는 일을 자신이 좋아하는지 싫어하는지 모르는 경우도 많다.

'다들 하니까 나도 해야지.'

'이걸 해야 이득이니까.'

그래서 어떤 선택을 할 때, 자신의 마음보다 타인중심으로 생각하거나 득실만을 따진다. 선택을 해도 자신의 마음을 무시한 결정이므로 자신도 모르게 저항하고 싶어진다.

아무리 기운을 북돋우려 노력해도 하고 싶지 않은 일은 마음이 거부하기 마련이다. 억지로 해보려 해도 마음은 점점 괴로워질 뿐, 결국 중간에 그만둘 수밖에 없다.

자기 자신을 칭찬하자.

-

자신에게 엄격하면 자기평가가 낮아진다.

-

자신을 계속해서 부정하면 어떤 일도 꾸준히 할 수 없다.

-

긍정적 감도가 높으면
자신의 마음에 따른 선택을 할 수 있다.

무엇이든 꾸준히 하고 싶은 당신

# 자신의 마음 상태를
# 파악하는 일부터

## ✦ 타인의 말에 집착하면 내 마음을 알 수 없다

상담을 하다 보면 자신의 마음을 전혀 모르는 사람들이 생각보다 많다는 것을 알게 된다.

인간관계 때문에 상담하러 온 사람에게 "진짜 그 사람과 친해지고 싶으세요?"라고 물으면, 꽤 많은 사람이 자신의 마음과 상관없이 "그 사람이 변하면 친해질 수 있을 것 같아요"라고 대답한다.

"상대방에 대해 어떤 마음을 가지고 계신가요?"라는 질문에는 고개를 갸우뚱거리며 대답 못 하는 사람도 많다.

자신의 마음이 무엇을 느끼는지 모르는 사람은 평소에

도 자신의 마음에 집중하지 않는다. 다른 사람의 말과 행동에만 신경 쓰기 바빠 자신의 마음을 확인할 여유가 없다. 그래서 마음을 무시한 채 이성적으로만 생각하다 보니 이런 답이 나온다.

"그 사람이 변하면 친하게 지낼 수 있어요."


## ✦ '좋고 싫음', '하고 싶은 일과 하기 싫은 일' 구별하기

상대방이 변하면 친해질 수 있다는 말은 어디까지나 자기 생각에 불과하다. 막상 그러한 상황이 되면 어떻게 될지는 경험해보지 않았기에 알 수 없다.

질문을 바꿔보면 어떨까?

"그 사람과 함께 여행을 가면 어떨 것 같으신가요? 단둘이 여행을 간다고 상상해보세요. 기차나 비행기에 나란히 앉아 밥을 먹거나 한방에서 자는 모습이 그려지시나요?"

대부분의 사람이 이 질문에는 망설임 없이 바로 대답한다.

"단둘이 여행이라니, 말도 안 돼요. 절대 못 가죠. 상상해보니 제가 그 사람을 싫어한다는 걸 확실히 알겠어요."

구체적으로 상상해보고 나서야 뒤늦게 자신의 마음을 이해했기 때문이다.

개개인의 마음보다 정보를 중요시하는 현대사회의 영향 탓인지, 자신의 '좋고 싫음'이나 '하고 싶은 일과 하기 싫은 일'을 명확히 구별하지 못하는 사람이 늘고 있다. 어떤 일을 시작한 지 한참 뒤에야 괴로움을 느끼고는 자신이 그 일을 좋아하지 않았을 뿐만 아니라 흥미가 없었다는 사실을 깨닫기도 한다.

다른 사람을 지나치게 신경 쓰면
자신의 마음 상태를 알 수 없다.
-
'좋고 싫음', '하고 싶은 일과
하기 싫은 일'을 구별하자.

# 때려치우기의
# 재발견

### ✦ 참으면 참을수록 자신감이 사라진다

"좋아하지 않는 일이어도 끝까지 해내면 인내심도 길러지고 좋은 것 아닌가요?"

이렇게 묻는 사람도 있다.

과연 정말 그럴까? 자신의 마음을 속이며 주변 환경에 맞추려 노력하거나, 아무리 힘들어도 참고 견디며 무언가를 해본 경험이 있다면 생각해보자. 지금 자신의 모습은 어떠한가? 그때의 경험이 인내심을 키우는 데 도움이 되었는가?

어느 정도는 인내심이 길러졌는지도 모른다. 하지만 그렇게 길러진 인내는 결과를 얻기 위한 인내심이 아니라 '인

무엇이든 꾸준히 하고 싶은 당신

내심을 키우기 위한 인내'에 불과하며, 좋은 결과를 가져오리라는 보장도 없다. 자신의 기분과 감정을 무시하고 한 일이기 때문이다.

마음을 무시하면 어떤 일도 꾸준히 할 수 없다.

회사를 그만두고 싶을 정도로 힘든 상황에서 억지로 참고 버티는 사람이 있다고 해보자. 이 사람이 회사를 계속 다니는 이유는 인내심을 키우기 위해서가 아니다.

'금방 그만두면 안 돼. 여기서 참지 못하면 다른 곳에 가서도 똑같을 거야'라는 말로 자신을 타이르고 있을지도 모르지만 진짜 마음은 다르다.

'갑자기 그만두면 회사 사람들이 나를 어떻게 생각할까.'

'겨우 익숙해졌는데 지금 그만두고 다른 데 갔다가 또 힘들어지면 어떡하지.'

이런 생각들 때문에 '그만두기가 두려울 뿐'이다. 이런 경우에 많은 사람이 자신의 진짜 마음을 깨닫지 못한다.

이렇게 회사를 계속 다닌다고 해도 인내심은 길러지지 않는다. 오히려 꾹 참고 노력하면 할수록 마음의 부담과 고통이 커지고 자신감이 사라질 뿐이다.

끝내 버티지 못하고 회사를 그만두게 되는 시점에는 그나마 남아 있던 자신감도 사라질 것이 뻔하다. 여러 회사에서 똑같은 일이 반복되면 결국 몸과 마음 모두 너덜너덜해지고 말 것이다.

무슨 일이든 금방 그만두는 자신을 '한심하다'고 자책하고, 힘들어도 참아야 인내심이 길러진다고 착각하는 사람일수록 오히려 작심삼일에 그치는 법이다.


## ✦ 끝까지 노력하면 반드시 성공한다는 거짓말

무슨 일이든 끝까지 해내야만 인내심이 길러진다는 말은 거짓이다. 오히려 득보다 실이 많다.

우리는 학교나 회사에서 수없이 많은 시험을 치른다. 많은 시험 중에서도 가장 경쟁이 치열한 시험은 바로 대학 입시가 아닐까.

많은 학생이 명문대에 진학하기 위해 밤을 꼬박 새우며 공부한다. 학생들이 이렇게까지 열심히 노력할 수 있는 이유는 바로 입시에는 끝이 있기 때문이다. 합격이라는 끝을 목표로 삼고 있기에, 수험 기간 동안 꾸준히 공부할 수 있다.

그런데 대학 입시를 준비하는 것과 똑같은 노력과 정신력을 매년 강요하면 어떻게 될까? 몇 번이든 가능하다고 대답할 수 있는 사람은 거의 없지 않을까?

"그런 경험은 두 번 다시 하고 싶지 않아요."

오히려 최선을 다해 노력했던 사람일수록 이렇게 답하는 것이 당연할지도 모른다. 그렇다면 이들은 노력의 양과 비례하여 인내심을 갖게 되었을까?

최근 청년층은 물론 중장년층에서도 '은둔형 외톨이'가 크게 증가했다고 한다. 어쩌면 이들은 '끝까지 노력하면 성공할 수 있다'는 말을 믿고 아무런 의심 없이 노력했던 사람들이었을 것이다.

한 남성의 고민을 들어보자.

"학창 시절부터 한 가지 아르바이트를 오래 해본 적이 없어요. 대학을 졸업하고 처음 들어간 회사도 1년을 못 버티고 그만두고, 그 후 아르바이트나 계약직으로 일해봤지만 무슨 일을 해도 재미가 없어서 금방 그만두게 되더라고요. 다른 사람들은 어떻게 그렇게 매일 회사에 출근하는지 너무 신기해요. 그런데 막상 뭘 해보려 해도, 하고 싶은 일도 없고 의욕도 없어요. 창업하거나 유튜버가 될 만한 재능도 없고요. 앞으로 뭘 하고 살아야 할지 앞이 깜깜해요."

대개 이런 고민을 하는 사람들의 마음 깊은 곳에는 이미 인생을 반쯤 포기한 것 같은 무력감이 가득하다. 이 무력감은 최선을 다해 노력했던 경험이 있는 사람에게 더욱 크게 나타난다. 무의식적으로 그때의 힘들었던 경험을 '다시 하고 싶지 않다'고 생각하기 때문이다.

## ✦ 내가 좋아하는 일에 집중하자

마음 깊은 곳에 무력감이 가득하면 이 남성처럼 '앞이 깜깜하다'고 느끼는 것도 당연하다. 어떤 일을 해도 만족감이나 충족감, 기쁨을 느끼지 못하기 때문이다.

자신의 마음을 무시하고 억지로 참으며 '끝까지' 노력하면 부정적 생각만이 커질 뿐, 자신의 마음을 채워줄 기쁨은 사라진다. 기쁨이 사라지면 인내심도 무용지물에 불과하다.

이제부터는 관점을 180도 바꾸어 자신의 마음과 욕망에 집중하고, '자기중심'으로 생각해보자. 생각과 행동은 과연 어떻게 바뀔까?

가장 먼저 자신이 '지금 하는 일'을 어떻게 느끼는지 깨닫게 될 것이다. '자기 마음 알기'는 자기 자신을 소중히 여기기 위해 필요한 기본이다. 내 마음을 알아야 자신을 소중히 대할 수 있으므로 나에게도 '좋은 일'이다.

　계속해서 자신의 마음을 살피다 보면, 하던 일을 그만두게 된 '동기'도 발견할 수 있다.

　'난 처음부터 하고 싶지 않았어. 다른 선택지가 없어서 일단 이거라도 해보자고 생각했던 거야.'

　이렇게 내 마음을 통해 '동기'를 알았으니 이것도 나에게 '좋은 일'이다. 자신의 마음을 알면 스스로 인정할 수 있다.

　'처음부터 동기가 이랬으니 오래 못 하는 것도 당연하네.'

　자신을 인정하는 일은 무엇보다 중요하고, 역시 자신을 위한 일이다. 조금 더 버티다가 그만두게 되더라도 '역시 안 되겠어. 그만둬야지'라는 결단이 자신의 마음에 따른 결정이라면 스스로 '그만둘 수 있어 다행이야'라고 말할 수 있다.

　내 마음을 기반으로 한 결단은 '자신의 의지'가 갖는 소중함을 일깨워준다. 결단을 행동으로 옮겼을 때 '이렇게 행동해서 정말 다행이다'라고 생각하게 된다.

자기중심으로 생각하면 나에게 좋은 일이 참 많았다는 사실을 깨닫는다. 이렇게 '좋은 일'이 쌓이면 스스로 인정하고 믿는 '자기신뢰'로 이어진다.

### ✦ 꾸준함에 집착하지 말자

'좋은 일'은 어디에나 적용 가능하다. 금연을 예로 들어보자. 우선 금연을 결심한 것 자체가 나에게 좋은 일이다. 하루 동안 금연에 성공했다면 이것도 좋은 일이다.

금연에 실패하고 다시 도전하게 되더라도 처음보다 두

번째 금연 기간이 더 길어졌다면 이 역시 좋은 일이다. 세 번째 금연 기간이 더 늘어나면 두말할 것도 없다.

자기중심 사고방식에서 '삭심삼일'은 절대 자신의 상태를 나타내는 적절한 표현이 아니라는 것을 알 수 있다.

우리는 자신도 모르는 사이에 일상생활 속에서 많은 일을 중간에 그만두고 있다. 그래야만 생활이 가능하다. 그런데 굳이 끝까지 해내지 못한 일들에 집착해서 '작심삼일' 이라는 말로 자책하고 자신을 부정하는 것은 바람직하지 않다.

무언가를 꾸준히 하기 위해 중점을 두어야 할 부분은 따로 있다. 자신의 기분이나 감정, 의지를 소중히 여기면서, '하고 싶다'는 욕망이 '좀 더 하고 싶다'는 의욕으로 이어지느냐가 관건이다. 이를 위해 언제든 그만둘 수 있는 내가 되어야 한다. 중간에 그만두는 것이 꾸준함의 비결이다.

억지로 참고 노력하면 할수록
괴로워지고 자신감이 사라진다.

-

끝까지 해낸다고 해서 인내심이 길러지지 않는다.

-

자기중심으로 생각하며 '좋은 일'을 찾아보자.

-

굳이 하지 못한 일에 집착하며
자신을 부정하지 말자.

# 잘 그만두는
# 연습

## ✦ 그만두는 나를 칭찬하자

그만두기에도 연습이 필요하다. 방법은 무척 간단하다. 그
만두기를 생각하면서 실제로 행동에 옮기면 된다.

'피곤하니까 10분만 쉴까?'

이 10분도 그만두기에 포함된다. 청소하다가 힘들어져
서 잠깐 쉬는 것도 중간에 그만두기 연습이 된다.

'오늘은 여기까지 하고 나머지는 내일 해야지.'

'오늘은 내 방을 청소하고 내일은 화장실을 청소하고 모
레는 유리창을 닦아야지.'

한 번에 다 하지 않고 나누어 하는 연습도 필요하다. 집 청소를 할 때도 한 번에 몰아서 하지 말고 여러 번에 걸쳐서 하자. 무슨 일이든 나눠 하는 방식에 익숙해지면 훨씬 오랫동안 할 수 있다.

조금 더 어려운 연습 방법도 있다. 하던 게임이나 보던 영화를 멈추고 다음 날에 이어 보는 방법이다.

무슨 일이든 그만두기로 결정하고 실행에 옮겼다면, 실천에 성공한 나 자신을 칭찬해주자. 칭찬은 꾸준함으로 이어지고 자기신뢰를 높인다.


## ✦ 더 하고 싶을 때 그만두기

이와 같은 그만두기 연습을 할 때는 그만두는 시점에 유의해야 한다. '지쳤다'라고 느꼈을 때는 이미 너무 늦었다.

'슬슬 피곤해지려고 하는데.'

'아, 이제 약간 지루해지려고 하네.'

'조금씩 힘들어지는데.'

완전히 지치기 전에 그만두는 것이 가장 중요한 포인트다. 녹초가 될 만큼 피곤해져 하고 있던 일이 괴로워지면 그

'느낌'이 마음에 남기 때문이다. 그러면 다시 그 일을 시작하려 할 때 부정적 감정이 되살아난다.

'저번에 너무 힘들었는데 또 해야 하는 건가.'

'또 엄청 힘들겠지? 하기 싫다.'

이렇게 힘들었을 때의 느낌이 떠올라 다시 하기 망설여질 수도 있다.


반대로 이런 경우는 어떨까?

'좀 더 하고 싶지만 피곤해질 것 같으니까 이제 그만 해야겠다.'

업무를 끝내고 노트북 화면을 닫을 때처럼 미련 없이 하던 일을 그만두면 괴로움보다 '좀 더 하고 싶다'는 욕망과 기대가 마음에 남는다. 긍정적 감정이 남은 채로 그만두면 그 감정이 다음에도 일을 계속하게 하는 동기가 된다.

'도중에 그만두기'에 익숙해지면, 자신에게 꼭 맞는 그만두기 타이밍을 찾음으로써 자신의 몸과 마음에 더욱더 집중하며 만족감을 느낄 수 있다.

무언가를 할 때는 '즐겁고 재밌고 두근거리는' 감정, 즉 긍정적 감도를 높여 꾸준함의 원동력으로 삼는다.

부정적 감정을 남겨 의욕을 없앨 것인가. 긍정적 감정의
여운을 느끼며 즐겁게 꾸준함을 유지할 것인가. 모든 것은
당신의 선택에 달려 있다.


## ✦작심삼일로 끝난 일도 모두 소중하다

자신이 목표로 삼았던 일이 작심삼일로 끝난다고 해서 그
일이 아무 소용 없는 일이 되는 것은 아니다. 혼자만 그렇게
착각하고 있을 뿐이다.

작심삼일로 끝난 일이라 해도, 우리는 분명 그 속에서 무
언가를 얻는다. 배우, 가수, 스포츠 선수, 소설가 등 자신이
되고 싶었던 꿈은 이루지 못했을지라도, 목표를 이루기 위
해 노력하는 과정에서 얻은 게 있을 것이다.

한 회사에 오래 다니지 못하고 여러 번 이직을 한 사람
도, 연인이나 친구관계가 금방 끝나버리는 사람도, 회사에
서의 인간관계가 오래가지 못하는 사람도 모두 예외가 아
니다. 경험을 통해 사람들 앞에서 긴장하지 않게 되고, 이성
이 두렵지 않게 되고, 유창한 말솜씨를 얻을 수도 있다.

선수가 되기 위해 운동을 하다가 건강해지고, 대본을 외우다가 암기력이 좋아지기도 한다. 아직 깨닫지 못했을 뿐, 자신도 모르는 사이에 얻은 장점이 있었을 것이다.

자격증 시험을 준비하다가 결국 포기해버린 사람도 오랜 기간 공부를 했던 만큼 많은 지식을 얻었을 것이 분명하다.

금방 그만두었던 취미생활에도 반드시 수확은 있다. 취미생활을 하다가 만난 사람들을 통해 마음의 상처를 치유받았거나, 동호회에서 사람들과 어울리는 법을 배웠을 수도 있다.

모임에서 귀여움을 독차지하는 막내가 되었거나, 반대로 연장자로서 리더십을 발휘하게 되었을지도 모른다.

회사와 달리 실수를 해도 용서가 되는 분위기에서는 좀 더 자신에게 관대해질 수 있다.

요리 교실도 다녀보고, 외국어도 공부하고, 노래도 배워보았지만 도중에 전부 그만둔 사람은 어떨까? 당장은 얻은 것이 없어 보여도 좀 더 멀리 내다보면, 세 가지 취미가 모두 도움이 되는 날이 올지도 모른다. 언젠가 외국인 손님이 많이 오는 레스토랑에서 요리도 하고, 노래도 부르게 될지

누가 알겠는가.

　'작심삼일'은 곧 '미래의 씨앗'이다.

'좀 더 하고 싶다'는
마음이 들 때 그만두자.

-

'중간에 그만두기'가 익숙해지면
긍정적 감도가 높아지고 꾸준함의 원동력이 된다.

-

그만두기로 결정하고 실천에 옮긴 나를 칭찬해주자.

-

지금은 '작심삼일'에 불과한 일이
언젠가는 '미래의 씨앗'이 된다.

# 억지로 노력하지 말자

만약 좀 더 편안하고 즐겁고 만족할 수 있는 삶을 선택할 수 있다면, 굳이 스스로 고통을 짊어질 필요는 없다.

괴로움을 참으며 끝까지 버텨야만 훌륭한 것이 아니다. 그런 삶은 절대 행복할 수 없다.

긍정적 삶은 긍정적 경험을 통해서만 자라난다.

다시 한번, 스스로 질문을 던져보자.

어쩌면 지금까지 당신은 '괴로움을 참으며 끝까지 해야만 한다'고 믿어왔을지도 모른다. 그렇게 믿고 살아온 과거를 돌이켜 생각해보면 어떤가? 스스로에 대한 평가는 높아졌는가? 자기긍정감은 어떠한가?

어떤 기분인지는 지금 자신의 마음을 보면 알 수 있다.

매일 일상생활 속에서 어떤 마음이 드는지 생각해보자.

자신의 삶에 만족하는가? 충실한 삶을 보내고 있는가? 당신은 행복한가?

그 모든 느낌을 '실감'하고 있는가?

웃는 얼굴로 당당하게 자신의 삶에 만족한다고 답할 수 있다면, 그건 지금 당신이 좋아하는 일을 하고 있기 때문이다. 좋아하는 일은 얼마든지 '괴로움을 참으며 끝까지'가 아니라 '즐겁게 끝까지' 할 수 있다.

이 책을 읽고 '작심삼일'이 얼마나 중요한지를 느꼈다면 더는 바랄 것이 없다.

다시 한번 강조하지만, '중간에 그만두면 안 된다'라는 생각은 잘못된 생각이다.

많은 사람이 역경을 극복하는 것을 미덕으로 여기지만, 괴로움을 참으면서까지 노력할 필요는 없다.

자신이 좋아하는 일이나 즐거운 일은 애써 노력하지 않아도 꾸준히 할 수 있다.

누구에게나 좋아하는 일, 즐거운 일은 평생이라도 계속

맺음

하고 싶은 욕망이 있다.

억지로 무언가를 계속하는 일은 오히려 스스로 재능과 능력을 갉아먹는 일이다.

자신이 이미 가지고 있는 능력과 재능을 키우기 위해서라도 '중간에 그만두기'를 마음에 새기고 실천하도록 하자.

# 때려치우기의 재발견

**초판 1쇄 발행** 2021년 4월 30일

**지은이** 이시하라 가즈코
**옮긴이** 송현정

**발행인** 박운미 | **편집장** 류현아 | **편집** 김진희
**디자인** [★]규 | **교열** 김화선 | **마케팅** 김찬완 | **홍보** 최승아
**온라인 마케팅** | 유선사

**펴낸 곳** (주)알피스페이스 | **출판등록** 제2012-000067호(2012년 2월 22일)
**주소** 서울 강남구 영동대로 315, 비1층(대치동) | **문의** 02-2002-9880
**인스타그램** @the_denstory

ISBN 979-11-91221-09-1   03190
**값** 14,000원

**Denstory**는 (주)알피스페이스의 출판 브랜드입니다.
파본이나 잘못된 책은 구입하신 곳에서 바꿔드립니다.